# 介護のススメ！

希望と創造の老人ケア入門

三好春樹 Miyoshi Haruki

JN259728

★──ちくまプリマー新書
268

イラスト　シーゲル・マチダ

# 目次＊Contents

# はじめに

この本の目的は、介護の面白さを伝えることにあります。

意外でしょうね。介護が面白いだなんて。家族の介護で困っている人や、人手不足の現場で疲れている介護職からは「面白いとはなにごとか」と叱られるかもしれません。

でも数々の職業を経験してきた私には、介護ほど面白い仕事はない、というのは実感なのです。だから、二四歳のときに介護の世界に入って以来、足が抜けないのです。


「ケアは広いな　大きいな」

これはある介護の集まりのために私が作ったキャッチコピーです。もちろん、童謡の「海は広いな　大きいな」(「海」作詞　林柳波《はやしりゅうは》)のもじりです。

ほんとは「ケアは深いな　大きいな」としたかったのですが、元の歌がわからなくなりそうなので「広いな　大きいな」にしました。

ケアは、広くて、深くて、大きい世界なんです。「面白い」という表現に不満な人には「興味深い」と言い換えれば、私の真意が伝わるかもしれません。

「海にお舟を浮かばして　行ってみたいな　よその国」

これが「海」の歌詞の三番です。この歌が作られたのは、一九四一年（昭和一六年）ですから、「よその国」は未知のあこがれの地だったでしょう。

いまでは舟に何ヶ月も乗らなくても、飛行機であっという間ですが、それでも未知の地がたくさんあります。

じつは介護はそんな、いまだに行ったことがない地を体験できる仕事なんです。実際に私は、介護現場で働き始めたその日から、パラレルワールド（＝もう一つの別の世界）に入り込んだみたいで興奮していました。

さらに介護は、実はタイムマシンなのです。高齢者とつき合うということは、自分の未来と向き合うことなのですから。私はこの仕事を始めて、自分の老いも認知症も、ちっとも恐くなくなりました。むしろ楽しみなくらいです。

このタイムマシン、未来にだけではなくて過去にも行けるんです。自分が子どもだった頃、さらには赤ちゃんだった頃にまで行くことができるんです。

それは、老いるということが、人間の基本に帰っていくからなんですが、詳しくは本文でお伝えしましょう。

まずは私が介護という世界に入ることになったきっかけからお話ししましょう。

# 第一章　パラレルワールドへ突入

## 「介護」なんて知らなかった

私が二四歳のときに出会って、それ以来足が抜けない介護の世界に入ったきっかけは偶然でした。

「人の役に立てる仕事がしたい」といった前向きの若者らしい動機を予想していた人には期待外れで申し訳ありません。

そもそも当時、介護という仕事があるなんてことを私は知りませんでした。世間の人もみんな知らなかったと思います。

しかも私は、核家族の一人っ子でした。人と体を接したり、肌と肌が触れあうなんてことは慣れてなくて苦手でしたから、介護の仕事に就くなんて考えもしませんでした。

にもかかわらず、特別養護老人ホームに就職したのはどうしてか。いちばんの理由は、そのときしていた仕事に飽き飽きしていたことです。

いろんな仕事を転々として、そのときには運送会社に勤めていました。トラックターミナルで現場事務をする仕事です。私としては珍しく、一年以上続いていました。でも自分に合っている仕事だとは思えませんでした。まあ自分に合う仕事に出会えるなんてのはぜいたくなことですから、それを望んでいたわけではありません。しかし労働時間ばかり長いんです。それなのに昼間には運転手たちは、「たまり」の喫茶店で何時間もタバコを吸ってるんですね。もっと効率よく仕事をして早く家へ帰れないのかなんて思っていました。

やめようかな、と思ってました。ま、年中そう思ってたんですが、当時はいい時代で、一年以上働くと、失業保険を半年分支給してくれたんです。しかも今と違ってボーナスまで支給算定額に含めてくれたので、ほぼ一ヶ月分の給料がもらえるんです。

**「特別養護老人ホーム」って?**

そこに舞い込んできたのが介護現場で人手を探しているという話です。知り合いの牧師さんからでした。私はクリスチャンではありません。でも、イエスという人やキリスト教には興味があって、いっしょに読書会をやっていた面白い牧師さんでした。

彼がこう言うんです。「教団で運営している特別養護老人ホームがあるんだが、職員が辞めたり休んだりして人手が足りなくて困っている。誰か寮母をやりたいという女の人はいないだろうか」。

ここで注釈を。まず「特別養護老人ホーム」。今では注釈なんか必要ではなくなるほど知られていますが、当時の私は初めて聞きました。新聞にも出たことなかったですね。「老人ホーム」はわかります。少し前までは「養老院」と呼ばれていました。でも「特別養護」というのがよくわからない。「特別に給料がいいのではないか」と思いましたが、その甘い幻想は、就職した一日目の施設長によるオリエンテーションで打ち破られます。もちろん、老化や障害のため特別に介護が必要な老人たちが住んでいるという意味でした。

注釈のもう一つは「寮母《りょうぼ》」。今なら「介護職」とか「ケアワーカー」ですが当時はこう呼ばれていました。その名の通り、事務職を除いた直接介護するスタッフはほぼ全員女性でした。

だから私が牧師さんに「男はダメですか？」と言うと、彼はすぐに施設長に連絡して翌日に返事が来ました。

「『若い男性が勤めるなんて夢にも思わなかった。人がいなくて困っている。力仕事も多いので助かる。すぐにでも来てくれないか』と言ってるんだが」

すぐという訳にはいきません。運送会社に退職の意向を伝え、仕事の引き継ぎを済ませるのに一週間、やめた次の日から特養ホームの職員です。「失業保険はどうなるんだ!?」と思いましたが、待ってもらえそうにはありません。

## 介護との出会い

勤務先の特別養護老人ホームは交通の便の悪いところにありました。今のように街の中に老人施設がある時代ではなかったのです。広島市の郊外の山の中腹にある、白いコンクリートのモダンな建物でした。キリスト教団が主体ですが、山の名は極楽寺山なんです。

一日目の午前中は、施設長によるオリエンテーションと、事務、調理、洗濯、そして介護の各部門へのあいさつ回りでした。ここで私は「特別養護老人ホーム」というのが、老人福祉法の制定によって作られたものであることを知るのです。それまでの「養老院」が「養護老人ホーム」になり、要介護の老人のために「特別養護老人ホーム」が新たに作られることになったのです。

午後からは早速仕事でした。研修なんかありません。なにしろ介護の本なんかないんです。現場で身に付けるより方法はありません。

最初の仕事が、特浴介助でした。ここでまた注釈が入ります。特浴と言うのは業界用語です。ネオン輝く夜の街で「特浴」といえば「特殊浴場」つまり、ソープランドを意味するそうですが、介護の世界では「特殊浴槽」のことです。

まず、ベッドで横になっているお年寄りを、ストレッチャーという移動用寝台に移乗《いじょう》します。もちろん二人がかりです。上半身は私、下半身は寮母さんです。そのストレッチャーで廊下を移動して「特浴室」に行き、そこで服を脱がせます。裸になったお年寄りを、これまた二人がかりで、今度は特浴用のストレッチャーに移乗します。

ここで体を洗い、ストレッチャーを、レールの上で横移動させて浴槽の上に移し、ストレッチャーごと湯の中に下降させていくのです。当時はまだ手動で下降、上昇させていました。

浴槽から出ると、また特浴用ストレッチャーから移動用のストレッチャーへ、さらに部屋のベッドへと、一人の入浴に四回も二人がかりの介助が必要です。そう、私はこの力仕事のために望まれてここに来たのです。

でも不思議でした。ほとんど抵抗感はないんです。なにしろ、初めての世界、初めての仕事ですので、緊張していたからかもしれません。でもそれだけじゃないんです。私には何か高揚感みたいなものがあったんです。

それは「あっ、自分はこんなことができるんだ」という新しい発見でした。

**社会を変えたい、でも**

〈はじめに〉で「数々の職業を経験してきた」と書きました。というか、「職を転々としてきた」というべきでしょう。

一年以上勤めていると六ヶ月間失業手当てがもらえることも書きました。実は、六ヶ月勤めると三ヶ月間手当が出たんです。ですから私は、六ヶ月経つとやめて三ヶ月は失業保険という生活を続けていました。これを「六・三制」なんて呼んでいたんです。

仕事が長続きしないのには理由があります。私は高校中退なんです。いや正式に言うと「高校退学処分」です。

一九六〇年代の後半は学生運動が盛んでした。一九六九年、私たちが高校を卒業する年には、東京大学の安田講堂を占拠した学生と機動隊の攻防戦もあり、東大の入学試験が実施されないという事態になったほどです。

早熟だった私は高校生でしたがその運動に共鳴して活動します。アメリカによるベトナム戦争に反対して「ベ平連」（ベトナムに平和を！ 市民連合）を結成し、デモに参加しました。

安田講堂事件の同じ日に、広島県呉《くれ》市にある米軍の弾薬庫に「ベトナムに弾薬を送るな」と叫んで高校生のデモを行いました。

ここで同じ高校の同級生が公務執行妨害で逮捕されてしまいます。その同級生の処分をするなと学校と交渉をして、とうとう校長室を占拠してしまうのです。卒業寸前で退学処分になりました。

その後私は、「新左翼」と呼ばれていた党派に属して活動することになるのですが、党派と党派が「内《うち》ゲバ」という対立抗争に陥っていき、そこから決別したものの、やりたい仕事にも就けずに仕事を転々としていたのです。

社会を変えようという運動は、内ゲバで大衆的支持をすっかり失って急速に衰退していきました。私もどんなグループに属する気にもならず、ただ生活費のために仕事をするという毎日でした。社会を変えたい、もっと良くしたいという思いは、若いときの一時的な妄想として忘れ去られていくのかなと考えていたのです。

## 目の前の婆《ばあ》さんこそが「社会」

そんなときに老人介護と出会ったのです。しかも一日めに、まっ裸の婆さんを十数人風呂に入れるという仕事にです。

私が考えていた「社会」とは、「資本主義社会」とか「日本社会の後進性」なんていうことばの中にある抽象的なものでした。実現したい、と強く願っていた社会は、身近に感じられるものではなくて、どこか遠い未来のものだったのです。

でも介護の現場ではその「社会」が目の前にあるんです。「政治が悪い」「制度に問題がある」と批判して活動するよりも、目の前のこの婆さんを風呂に入れることのほうが意味があるんじゃないかと思ったんです。

たしかに政治は悪いんです。当時もそうですが、現在ではもっと介護には予算を回しません。だから特養ホームのお年寄りは週に二回しか入浴はできません。それでも職員の数が少ないので大変な仕事です。

でもだからといって、私が政治活動してると、目の前の婆さんはその週二回さえ、入浴できなくなるのです。

私が今日、ちゃんとこの婆さんを風呂に入れる、そのことが、社会を変えることじゃないのか。それは、抽象的なことばだけの世界にいた私にとっての大きな転換でした。

もちろん、社会を良くするためには、単に風呂に入れるだけでは不十分です。いやがったりしないで入れること。これは介護するものとしての最低限の倫理です。

お年寄りたちは、介護してもらうことに、後ろめたさを感じています。人に迷惑をかけている自分はいないほうがいいのではないかと思っています。

そんな気持ちの老人に私たちが嫌な顔をして介護したら、せっかくの介護が老人の生きる力を奪ってしまいます。だから私たちは、疲れていても老人の前に出るとニコッと笑います。腹の立つことがあっても、決してそれを老人に向けたりはしません。

それは介護職が倫理的なんじゃなくて、介護現場で老人と向き合っていることがそうさせるんです。だから「優しくしろ」と説教なんかするんじゃなくて、老人の置かれた状況と気持ちを考えたら自然と倫理的になるんです。

あっ、介護現場が社会が変わる先駆けになるんじゃないか、私の頭の中の抽象的な考えと、身体を使い肌と肌を接している現実的な仕事をしている自分とがクロスしました。ショートして火花が散ったような気がしました。

**老人ホームは「姥捨山《うばすてやま》」**

特別養護老人ホームは、「姥捨山」だと思われていました。まず、建っている場所が辺鄙《へんぴ》な所でした。私の職場も、一日三便しかないバスの終点から山を一〇分ほど登ったところにありましたが、人里を遠く離れた山奥の特養ホームがたくさんありました。

高齢で、例えば脳卒中で手足がマヒした人に、その人らしい生活がありうるとは考えられていなかったのです。リハビリテーションというコトバもほとんど知られていませんでした。そうなれば人生は終わりだと思われていたのです。

でも「姥捨山」のほんとうの意味は、立地条件や人々の無知や誤解によるのではなくて、そこで行われている介護の中身でした。「こんな身体になったけど、もう一度自分らしく生きていこう」という気持ちになれるような介護が存在しなかったことが、特養ホームを「姥捨山」にしていたのです。

ですから現在、老人施設は都会の一等地にも作られていますし、リハビリテーションの機会にも恵まれていますが、「もう一度生きていこう」という気持ちを起こすような介護がないなら、やはりそれも「姥捨山」なのです。たとえ億単位の入居金が必要な有料老人ホームであろうと。

## 寝たきりを起こすのは「人権侵害」!?

幸いなことに、私が偶然に働くことになった特養ホームは、新しい考え方で運営されていました。土地を提供した地元のボスが施設長になっている例が多かった時代ですが、私のホームは違っていました。大学の福祉科の大学院まで出た若い施設長でした。施設長を辞めてからは大学の教授になりました。

一九七一年に開設された施設の介護方針の一つが「寝たきりにしない」でした。これは今では当たり前のことです。でもその頃は周りの人が驚いたんです。寝たきりの人を、寝かせたまま大事にお世話するのが、優しい、いい介護だと思われていたのですから。就職して何年か後、私が老人施設の全国大会で「寝たきり老人を起こしてほぼ全員、車イスで談話室に出るようになりました」と実践報告したときには「寝たきりを起こすなんて人権侵害だ」と言われたこともあるくらいです。

×「**介護福祉士**」 ○「**介護力士士**」

入居者のほとんどは病院からやってきました。それも「老人病院」からです。

脳卒中で倒れたり骨折したりして一般病院に運ばれます。そこで治療を受け、もうこれ以上は良くならない状態まで来ると退院を迫られます。

でもリハビリテーションなんか行われていない時代ですから、軽いマヒの脳卒中の人も、上肢の骨折で入院した人まで寝たきりの状態でした。「上を向いてじっと寝ている」という安静がなにより大事だと思われていた時代なんです。

家族はとても家に引きとるわけにはいきません。特別養護老人ホームが建てられていましたが各県に数えるほどで、入所には何年も待たなければなりません。でも病院からは「次の患者さんが待ってますから」とせかされています。

そんな人を受け入れてくれるところが「老人病院」でした。今では「療養型病床群」なんて名前に変えられて、さらに老人保健施設へと転換を促されて消えかかっていますが、その頃は「老人病院」が家族にとっての唯一の頼りでした。でもここには新しい介護の考え方なんかはありません。むしろ病院と同じ安静第一の考え方です。

命が危ないという急性期の人に安静が必要なのは言うまでもないでしょう。しかし、とっくに急性期を脱した人にまで安静を押しつけたのです。私たちはこれを「安静強制看護」と呼んできました。もちろん強制された安静が安静なはずはありません。

先を見通せる家族は、老人病院に入院するときに、特養入所の手続きをしていました。何年か後にでも特養に入れるならと望みを託したのです。

運良く、老人病院で亡くならずにすんだ人に、特養入所の順番が回ってきました。でもその特養も、老人病院と同じく安静を強制する「姥捨山」であることが多いのですが、またまた運のいい人が、私が勤めていたような施設に入所することになりました。

「老人病院」とはいえ、医者、看護婦（当時はまだ看護師という名称はありませんでした）という国家資格を持った人が揃《そろ》っています。それに比べて特養ホームはどうでしょう。有資格者はうちには二人しかいませんでした。看護婦さんと栄養士さんです。ほんとは看護婦さんは二人いなくてはいけないのですが、どこの施設も一人確保するのがやっとでした。みんな病院に勤めたがるのです。

だから正式には准看護婦でした。准看も栄養士も都道府県知事の任命で国家資格ではないんです。

調理師免許を持っている人がいたかもしれませんね。でも直接老人に関わるひとでは看護婦さん以外はみんな無資格でした。私も、近所のおばちゃん寮母も「腰が丈夫そう」というので採用されたようなものでした。

いまでは「介護福祉士」という立派な国家資格を持つ人が増えていますが、その頃の力任せで仕事をしていた介護職のことを「介護力士士《りきしし》」なんて呼んでいましたね。

**「生活復帰」「人間復帰」がつぎつぎに**

その「介護力士士」のおばちゃんたちが、なぜか老人を生き返らせるんですね。

老人病院からの入所者は全員オムツ使用でした。半数には床ずれがありました。床ずれとは、長い間寝ていたために、お尻や背中が圧迫されて血行が悪くなり、筋肉が腐ってしまうものです。正式には褥瘡《じょくそう》と言います。褥とは寝ていること、瘡はキズの意味です。

それだけではありません。目がトローンとして焦点の合わない人、声をかけても返事もしない人、なかには、おびえた表情の人までいました。

ところがその入所してきた老人が元気になるんですね。もちろん時間はかかります。

三ヶ月、長い人だと六ヶ月もかかるけれど、おびえた表情が消えて笑顔が出るようになります。いつのまにか伝い歩きして居室のとなりのトイレに通っていた人もいました。自分でオムツを外して便器に座って用を足し、またオムツをつけなきゃと格闘しているところに寮母が通りかかったのです。「うわあ、一人でトイレ行けたんだあ。じゃあもうオムツ着けなくていいよね」と、その日から脱オムツです。夜は念のためあてててほしいと言ったけど。でも数日だけでしたね。

家庭復帰なんて難しいことはそれほどできませんでした。でも、オムツが外れてトイレへ行くようになったのは「生活復帰」でしょう。おびえた表情が消えて笑ったなんてのは「人間復帰」と言ってもオーバーじゃないですよね。

なんでシロウトの、介護力士士でしかないおばちゃん寮母たちにこんなことができるのか。私は彼女たちをじっと観察することにしました。

## 質問！　特浴・ストレッチャーって？

特浴とは、特殊浴槽、または特別浴槽を略したもので、上を向いて寝たままの姿勢でも入浴できる装置のこと、そしてそれを使って入浴することを指します。

ストレッチャーとは、上を向いて寝たままで移動するための道具です。いわば移動寝台ですね。救急車に収納しやすいように、長さを変えられるしくみになっていたので、stretch=「伸張」からこの名が付きました。

私は人生で一度だけ、救急車に乗せられたとき、このストレッチャーで運ばれました。つまり、急病人や意識のない人、座った姿勢がとれない人を移動するときに使うものです。

ですから、病気でもないし、意識もはっきりしているし、座っていられる老人の入浴のときに使うのは適切ではありません。車イスで移動すべきです。

ストレッチャーでの移動は恐怖です。特にデリカシーのない人にカーブを曲がられるとジェットコースター並みです。

さらに、特殊浴槽も恐いんです。寝たまま入れて楽だろう、とんでもありません。リラックスすると、足やお尻が浮いて、頭が沈もうとしますから、両手で何かを握っていなくてはなりません。

お風呂を嫌いな人はあまりいないはずなのに、特浴を嫌がる老人が多いのは、自分でストレッチャーと特浴を体験してみればよく理解できます。

どんな人でもふつうの家庭用の浴槽に入ってもらおうという、新しい入浴ケアが始まっています。しかもそのほうが省力化になるんです。意外ですね。老人の力を生かせるからなんです。

# 第二章　介護に必要なのは二つの「ソーゾーリョク」

## 何が老人を「元気」にしたか？

医者や看護師という専門家のいる病院で「ここまで。これ以上は回復しません」と言われてやってきた老人が、なぜ特養ホームに来て元気になるのか。なにしろ、こちらには、シロウトの「介護力士士」しかいないというのに。

世間の常識とはずいぶん違うことがここでは起こっている、この謎が解けたら、介護とは何かを語れるし、介護の本の一冊も書けるかもしれない、と思いました。

そこで私は、寮母たちによる入所老人たちへの関わり方をじっと観察することにしました。もちろん自分も介護の仕事をしながらです。午前中は離床介助、午後は特浴介助が私の仕事です。

ここでまた注釈が要りますね。「特浴」はすでに説明しました。「離床」、これも業界用語ですが、字のごとく、老人をベッドから離すことです。つまりベッドに寝ている老人を車イスやイスに移乗して、座って食事をし、座って排泄《はいせつ》し、座って入浴することを助けることです。「寝たきりにしない」という施設の基本方針の具体的方法のことです。

しかし、いくら観察してもその謎は解けません。何が老人を元気にしたのか。皆さんの中には、介護の持っている専門性が老人を元気にしたのではないか、と思う人もいるでしょう。でもそれはありません。

今なら、介護福祉士を中心とした介護職、それにケアマネージャー（介護支援専門員、「ケアマネ」とも）たちの持つ専門性が老人を元気にしたという話はいくらでもあります。介護福祉士の試験問題を見てもそれはわかります。資格制度ができたのが一九八七年ですが、その頃の試験問題は医学、家政学、福祉学を持ち寄ったものという印象でしたが、最近の問題は介護職の専門領域だと感じさせる内容になっていると思いますね。

でも私が特養に入った頃には介護の専門性なんかどこにもありませんでした。なにしろ介護の本だってない時代なんです。もっとも本があってもうちの施設の寮母たちは読まなかったと思います。寮母室にあるのは『女性自身』ばかりでした。

## 介護職は「天使」か「悪魔」か

老人を元気にしたものが専門性ではないとしたら、いったい何なんでしょう。専門性じゃないとなると、「真心」とか「やさしさ」ではないかと考える人もいるでしょうね。

でもそれもありませんでした。いや、やさしい寮母はいましたよ。でも、やさしくない寮母もいました。やさしい寮母とやさしくない寮母の割合? 世間一般の割合と変わらないでしょうね。

評判のいい施設や病院には、やさしい天使みたいな人がいっぱいいて、評判の悪いところには悪魔がたくさんいる、なんてことはありません。人間なんてみんなチョボチョボの似たようなものです。だから、誰でも天使に近づくこともあるし、悪魔に近くなることもあるんです。

人によってどっちになるかというその臨界点みたいなものに多少の違いはあるかもしれないけど、それより、私たちがどっちに近づくかを決めるのは環境だと思います。

私は介護福祉士の養成校、看護師、保健師の学校でも教えていたことがあります。みんな同じようなレベルで卒業していくんです。でも一年後に会ってみるとすごい差が出るんです。

「こんな若い子がそんな管理的発想をしてしまうとは」と驚かされるほど官僚的になってるのもいれば、「この子にこんないいセンスがあったとは」と思うような、老人主体のいい仕事をしている人もいます。どんな職場に入るかで、悪魔に近づくか、天使に近くなるか決まるみたいです。

だからどんな職場に就職するかは大事です。老人がダメになっていくだけではなく、自分も悪魔に近づいていってるなと思ったら、すぐに辞めたほうがいいですね。

介護する家族にとってはもっと深刻です。介護職を悪魔に近づけているような施設に父や母を入所させてしまっては大変です。

じゃあ、介護職が天使に近づくか、悪魔に近づくかの違いはどうすればわかるのか、それはまた別の章でじっくり触れることにしましょう。

## 「優しさ」だけが介護ではない

かつて、介護というものは、心優しい人を集めてくればいい介護ができると思われてきました。でもそうはいかないんです。優しい人はもちろんいいんです。でも老人介護は優しさだけで通用する世界ではありません。

例えば、脳卒中で片方の手足がマヒしている人は、体が不自由なだけではなく、マヒという目に見えるもの以外にいろんな問題を抱えています。

失行や失認と呼ばれる脳の高次機能障害、さらに、医学書にも書かれていない左片マヒ者の性格変容など、優しさだけでは理解し得ない障害を伴っているのです。

だから、医学的知識や技術といった専門性がどうしても必要となります。介護福祉士といった資格制度はそのために作られました。介護の専門性の中には、こうした障害に対する医学的理解が少なからず入っています。

でもその方向性を進んでいけば介護が良くなるかというと、そうとも言い切れません。たとえば、専門性の高い医者や看護師がたくさんいる病院がいい介護をしているかというと決してそうは言えません。前述したように、急性期にしか通用しない安静看護法を老人に強制するために、みんなオムツにされ、床ずれまで作っていたのですから。

私が入り込んだ介護現場にはそんな専門性もありませんでしたし、特別な優しさやヒューマニズムがあった訳ではありません。

クリスチャンで老人の前でいやな顔ひとつ見せたことのない寮母長も、ヒューマニストの主任寮母もいて、私は彼女たちを尊敬していました。でもみんなそんな人ばかりではありません。老人を叱る寮母もいたし、力任せの介助をする文字どおりの「介護力士」もいました。

それでも入所者は元気になったんです。認知症なんてコトバもない時代で、「ボケ老人」とか、「痴呆性《ちほうせい》老人」なんて呼ばれていましたけれどみんなちゃんと落ち着いていました。いったいなぜなのか。


**「老人が嫌がることはしない」**


「専門性」があったとはとても思えない。じゃあ特別な「優しさ」があったかというとそんなこともない。ではいったい、何が老人を落ち着かせ元気にしたんだろう。

私は、病院にはなくて特養にあるものは何か、医者、看護婦にできなくてシロウトの寮母にできたことは何なのか、と考えてきました。

そして結論に至るのです。そんなものはない、と。発想を変えなければいけないと思いました。病院に比べてなにかプラスになるものがこちらにあったのではと考えると何も見つかりそうにはありません。

そうではなくて、病院にはあったけど、こちらにはなかったもの、医者、看護婦にはできたけど寮母はしなかったもの、それが老人を元気にしたと考えることにしました。プラスといういいことがあったからではなくて、マイナスがなかったからではないか、と。

そして私の結論はこうです。私たちは、老人が嫌がることはしなかった、ということです。これが老人を元気にしたのだと。

じつはこう考えるようになったのは最近になってのことです。いい介護とは何かと考えていろんな提言をしてきました。でも年月が経つにつれて私の介護論はどんどんシンプルになっていきました。それが「老人が嫌がることはしない」なのです。

なんだ、そんなことでいいのか、と思われるかもしれませんね。でもこのシンプルなことが難しいんです。この「老人が嫌がることはしない」を守ろうとすると、いろんな工夫をしなくてはならなくなります。私たちの発想を変える必要もでてきます。そしてそれが介護を豊かにするのです。もっと言うと、私たちの仕事が「作業」ではなくて「介護」になっていくのです。

## 時には「コスプレ」も

「老人が嫌がることはしない」というのは、何でも老人のしたがるようにするということではありません。

例えば、入浴を拒否する人はほんとに多いんです。日本人だから風呂が嫌いな人はそんなにいないはずですが、人から介助してもらって入るのは嫌なんでしょうね。それに「特浴」と呼ばれる機械浴は、自分で入ってみるとわかりますが、ほんとに恐《こわ》いんです。

だからといって、「入りたくない」「ああ、そうですか」と言ってたんでは、一年中入浴しない人ばかりになってしまいます。しかし無理やり入浴させるのでは、いくら体の清潔は保たれるとはいえ、介護の最も大切なことが損なわれてしまいます。

なにしろ、お年寄りと介護者との基本的な信頼感が失われてしまうのですから。特に認知症と呼ばれている人たちは、何のために入浴するのか、介護者が何のためにこんなことをしているのかを理解することはできません。ただ、自分が嫌がることをされたという感情だけが残るのですから、落ち着いてくれる訳がありません。

ですから私たちは、なんとか本人に嫌がらないで入浴してもらうために、コトバ巧みに言いくるめるのが上手《うま》くなります。ときにはお年寄りをだますこともあります（笑）。

千葉市で「いしいさん家《ち》」という小規模デイサービスを運営している石井英寿《いしいひでかず》さんは、風呂に入りたがらないお爺《じい》さんの家に、白衣を着て行きます。家族やヘルパーが誘っても拒否する人でも、医者のような権威のある人なら従うことはよくありますよね。それを利用するんです。

石井さんは「私は医者です。風呂に入れば良くなる。行きましょう」とうまく誘い出して服を脱がせ、自分も裸になっていっしょに風呂に入ってしまいます。「医者」に体を流してもらって、お爺さんは大喜びです。私はこれを「コスプレケア」と名付けました。

さらに「特浴」を恐がる人に、もっと楽しく入れる方法はないかと工夫する人も現れ

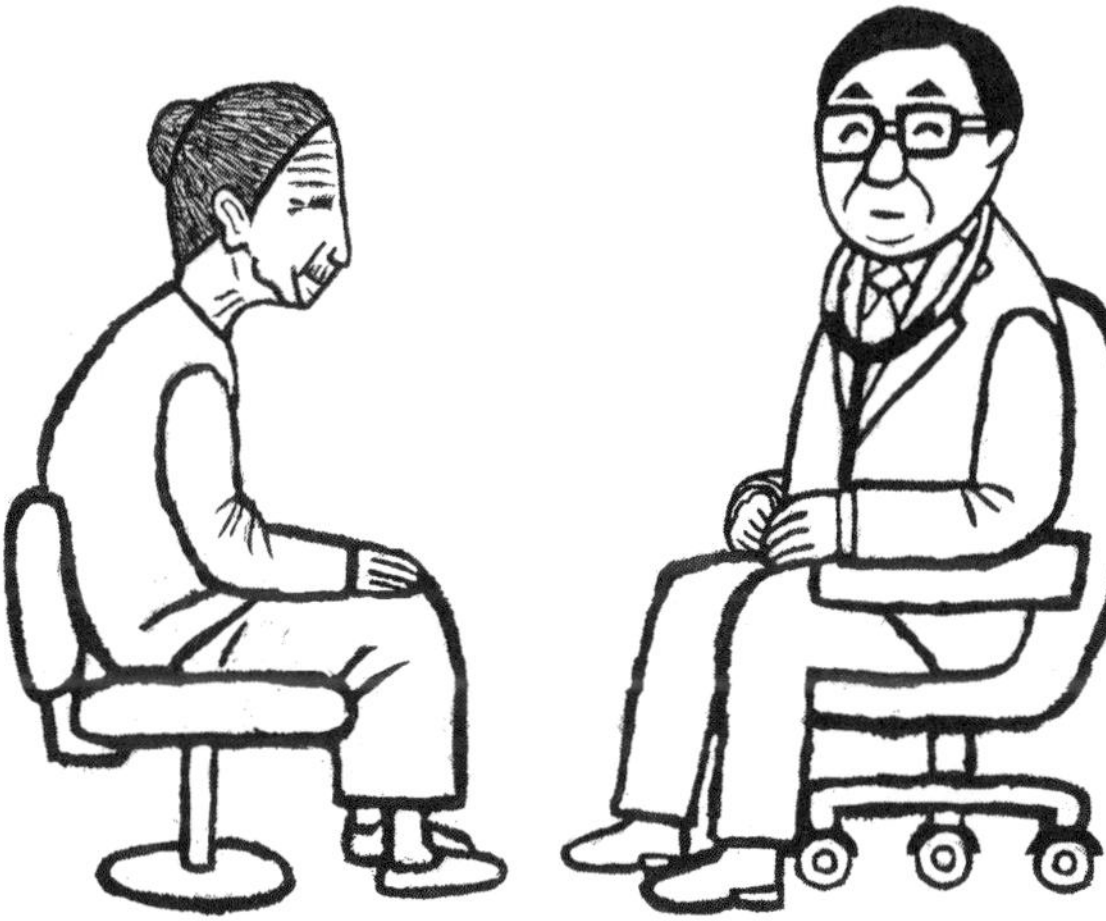

ます。そして、機械に頼らなくていい、恐くない入浴法が考案されていくのですが、これはまた別の本で詳しく述べましょう。

**創意工夫こそ「ケア」のはじまり**

認知症のお婆《ばあ》さんがデイサービスや施設から出ていこうとします。「家に帰らなきゃいかん。子どもが泣いとるから」なんて訴えます。もちろん「子ども」はもう立派な社会人なのですが、説得は逆効果で、帰らなきゃという強迫観念を強めるだけです。

薬を飲ませて「大人しく」させている

介護現場もありますが、これは感心できるやり方ではありません。だってこうした「問題行動」すらできない状態にしてしまうのですから。薬の効き過ぎや副作用で数日間は足下がフラフラして転倒したりもします。

なにより、薬を飲まされた老人は「盛られたな」と気付きます。体の自由が利かなくなり、何も考えられなくなるのです。不信感は処方した医者ではなく、直接薬を飲ませた介護職に向けられます。それでいい介護をしようというのは無理な話です。

そこで私たちは、薬という化学物質で老人をコントロールしようとするのではなく、さらに説得したり、無理に止めようとするのでもない別の方法を作り出すことになります。

さらに、出ていこうとするその場でどう対応するかということだけではなく、どうすれば出ていかなくてすむのか、「家に帰る」というコトバで訴えていることの本当の意味は何なのかと考えていくことになります。それが、「認知症ケア」の始まりと深まりなのです。

## 二つの「ソーゾーリョク」

さあ、そうなると、介護にとって大切なものが何かがわかってきます。老人が嫌がることはしない、という、シンプルだけど、いい介護の根本を守るために必要なのは、二つの「ソーゾーリョク」だと思います。

一つは、なんで風呂を嫌がるんだろうという老人の心理への「想像力」です。「家に帰る」「子どもが泣いてる」というコトバで訴えたいものは何なのかという「想像力」でもあります。

もう一つは、あのコスプレケアの石井さんのような演技力を含めた「創造力」です。老人が嫌がらないためには、私たちは老人の世界に沿うようにしてケアしなくてはなりません。医学的には「妄想」なんて呼ばれている世界なんだけど。

そうか、私は「体力」を求められて介護現場にやってきたと思っていた。でも、体力もいるけれど「想像力」と「創造力」という、二つのソーゾーリョクがあってこそ介護の仕事は楽しいんだ。

だって、介護者が単なる「体力」なら、老人は「質量」でしかなくなってしまう。それは老人が最も嫌がることだし、それが老人を認知症に追い込んでいる要因の一つだと、私は考えるようになっていくのです。そう、認知症は単なる脳の病気じゃないんです。

## 質問！　失行・失認って何？

脳の中の血管が破れたり、詰まったりして起こる病気が、脳血管障害です。脳卒中と呼ばれています。

片方の手足のマヒというのがよく知られた症状ですが、こうした目に見えるものだけではない、いろんな症状が伴うことがあります。

失行と失認もその症状です。失行は、行為の組み立てかたがわからなくなるというものです。片方にマヒがあってもできるはずの動作なのに、どうしていいかわからないで困っているという人がいたら、失行かもしれないと思ってください。

代表的なものは、着衣失行です。お風呂からあがって、体をふき、下着を着けようとしてもうまくできなくて、パンツを頭からかぶろうとしたりしてしまいます。

これは、脳の中の着衣という行為を覚えている部分が損傷されたため、その動作だけができなくなります。ちなみに、脱衣失行はありません。脱衣は特にマスターしなくてもできるからです。

失認とは、感じているのにそれを認知できないという症状です。代表的なものは、空間失認です。左マヒの人が、左側の世界が無いかのように感じ、振るまうもので、お膳の左側にあるご飯には全く手をつけないで、右側のおかずだけを食べるといったことが起こります。

こうした症状を、認知症によるものだと思い込む人が多いのは困ったことです。周りの無理解に絶望して、ほんとに認知症になってしまう人もいるんです。

こうした医学的知識を、治すためでなく、暮らすために使いこなしたいものです。

# 第三章　人生と人生がぶつかり、共鳴する場

どうやら、手足にマヒがある人や認知症の老人たちが元気になるのは、高い専門性や、特別な優しさによるわけじゃないことがわかってきました。

もちろん、専門性も優しさもあったほうがいいでしょう。でも、最も大切な「嫌がることはしない」ための、具体的な介護のやり方を知らなければ、それは、「宝の持ち腐れ」になりかねません。

## 「介護」と「治療」

私が不思議だったのは、なぜ病院では老人の嫌がることをするのかということでした。病院から入所してきた老人のなかには、表情のない人や、怯《おび》えた表情の人がいました。

宿直の夜、午後の一一時に見回りをするのが役割でした。みんな静かに寝ているのに、三日前に入所した女性が、眠れないらしくゴソゴソしていました。何か用でもあるかなと、顔を近づけると、いきなり、手で払うのです。怯えていました。

私の顔が恐《こわ》かったのではないのか、そんなはずはありません。二四歳の私は見るからに優しそうな美青年でした（笑）。

後に家族と本人から聞いた話では、入所前にいた病院では、両手を縛られていたというんです。理由は、オムツの中に手を入れてお尻をかきむしって血が出たり、ときには不潔な行為をするからだそうです。だから、人が近づくと手を縛られると思って拒否していたのです。

じつは、病院で抑制、つまり手足を縛って動かせなくするのにはちゃんとした理由があります。急性期、つまり、命が危なくて適切な治療が必要なのに、本人が苦しくて動き回っていたりすると、必要な治療ができなくなるからです。

私も、経験したことがあります。宿直の夜に入所者の女性が苦しみ始めて、嘱託の医師が駆けつけてくれたけど本人が手足バタバタして起き上がろうとするのでやむなく看護婦さんと二人で抑えつけて、一時的ですが手足を抑制しました。

特養ホームでも必要なことがあるのですから、救急車で急病人を運び込んでるような病院では珍しくはないでしょう。

しかし、特養ホームに入所してくる老人たちがいたのは、急性期の病院ではありません。急性期という特別な時期はとっくに終わって、特養ホームの入所の順番を一年も二年も待っている人たちなのです。

そんな人たちにまで、命に関わるときにやむなくする「抑制」をしてしまうのはいったいどうしてなんでしょうか。じつはそれには深い理由があるのです。そこをちゃんと知って、そうならないための歯止めをしっかり持っていないと、介護はあっという間に、老人が嫌がることをするようになって、介護ではなくなってしまいます。

## 「私が縛れば朝まで抜けない」⁉

私の特養ホームでの仕事は完全な介護職でしたが、名称だけは「生活指導員」でした。介護職は「寮母」と呼ばれていて、女性であることが前提のようになっていたので、やむなく「生活指導員」に振りあてられたようでした。

でも考えてみると、八〇歳、九〇歳の人たちに若造が「指導」するなんておこがましい話ですよね。それでその後、「生活相談員」と名称が変わります。

でもその頃は「生活」という表現が使われたことは画期的だったんです。特養ホームは病院のような「治療の場」ではなくて「生活の場」なんだということが自覚され始めていたんですから。

私が就職した特養ホームにはすでに「生活指導員」がいました。社会福祉系の大学院を卒業した若い人が施設長であったことは先に述べました。同じ大学の後輩にあたるけれど、施設長よりは歳上の女性が「生活指導員」で、私が入ったために「主任生活指導員」になりました。

まったくのシロウトで、介護にも社会福祉にも興味のなかった私に、この世界の面白さと奥深さを教えてくれたのがこの上司のWさんでした。

彼女は広島市内の生まれで、一冊の本にしてもとても書き表せないような人生体験をして、社会福祉の世界で生きていこうと決意し、キリスト教に入信もして、この施設で働いていました。

新しい考え方の施設長、私の上司となったW主任生活指導員、そして人格者の寮母長の三人が施設の介護を担っていました。

当然ながら三人を中心としたスタッフは、老人を縛るなんてことは考えもしませんでした。でも周りの施設はそういきませんでした。看護職が病院でやっていたやり方を介護職たちに教えるんです。抑制のしかたの講習が開かれたりしていて、「私が縛ったときには朝まで抜けないわよ」と「介護技術」を威張っている寮母もいたくらいです。

うちの施設にも看護婦さんはいて、いずれも病院での看護を体験していた人でしたが、施設の方針に共鳴していましたから、そんな「講習」なんかはもちろんしませんでした。

でも、老人が発病したり、慢性疾患が悪化したりすると、点滴が必要になることがあります。すると、私の上司のWが嘱託医に「先生、とても二時間もじっとしているタイプの人じゃないから無理ですよ」なんて言うんです。すると先生は「あっそうか、じゃ、注射にしとこうか」と、たいへん物わかりのいい先生なんです。

## 「問題老人」改め「介護困難老人」

でもその物わかりのいい先生が、どうしても点滴でなきゃ、と言うことがあります。二～三年に一回くらいですけど。これはほんとに命に関わるような病状なんでしょう。

私が縛ったら
朝まで抜け
ないわよ

Mさんという男性の肝臓か腎臓かの機能を表す数値が異常なので、すぐにでも点滴をしたいと言われるのです。このMさん、私の長い介護経験でもナンバーワンの「問題老人」です。

この「問題老人」という言い方はあまり良くありませんね。これじゃMさんへのレッテル貼りで、介護する私たちの側に問題があるんじゃないかという視点が抜けています。だから今では「介護困難老人」と表現します。なんか言い換えただけみたいですけれど。でもほんとに「介護困難」でした。撲《なぐ》る、ひっかく、ツバをはく、汚い広島弁で怒鳴る……。でもそんな人間不信の固まりのようだったMさんが、上司のWや寮母長に心を開いていく過程を、私は目を見開かされる思いで見ていました。

Mさんもまた、過酷といってもいいほどの人生体験をしてきた人でした。小さい体なのに、突っ張って突っ張って生きてきたんです。

そんな彼が脳卒中で片方の手足が動かなくなって寝たきりになります。介助してもらって生きていくなんてことは彼にはありえないことでした。近づいてくる奴《やつ》は自分を利用しようとしているのに違いない、これまでの経験でそう思いこんでいるのです。

だから彼は私たちへの介護拒否という形で自分を守ろうとしました。最初に風呂に入れようとしたときには大変でした。「はい、首に手を回して」と近づいた私のメガネをとって投げられる始末です。

そんな彼を受け止めようとしたのが上司のWでした。彼女は涙を流して彼の話を聞き、ときには本気でけんかもしました。ああ、ここは、人生と人生がぶつかりあって、少しずつ共鳴していく場なんだ、と思いました。そして少しずつ介護拒否も、コトバだけ、ポーズだけになっていって、風呂が終わると私に向かってマヒがない方の手を挙げて照れ臭そうにあいさつしてくれるようになるのです。私の四〇年以上になる介護人生の中でも最も印象に残っている人です。

ときどき、ちょっとしたことで怒って、周りにあるものを投げつけたりもしましたが、ちゃんと人には当らないように投げていましたので、私たちは、それも個性のうちだよね、と言い合っていました。けっこう人気もあったんです。

とはいえ、長時間じっと大人しく点滴を受けるとはとても思えません。しかも、先生は「Mさんは心臓も強くないので二時間半ぐらいかけてゆっくり」しろと言うのです。

私の上司は困っていました。必要な治療をするためには「抑制」しなければならない。でもそんなことはしたくない。薬は体に入って効果が出るかもしれないけれど、Mさんと私たちのせっかくできかけた信頼はなくなってしまうだろう。

彼女は言いました。「先生、なんとか抑制しない方法を考えますので、明日の朝まで待ってもらえませんか」。

先生は「わかった。じゃあ、明日の朝いちばんに看護婦さんに来させるから」と言って帰りました。

## 一般社会なら犯罪になる「抑制」

さあ、研修会ではここで、受講している介護職にグループを作ってどうしたらいいかを考えてもらいます。「抑制するのもしかたない」なんて言う人は介護職失格です。抑制に代わるいくつもの方法を考えついたグループは介護職として立派ですね。

だってここは、介護が介護でなくなってしまうかどうかの大事な転換点なのです。「命に関わることだから」という理由で一度でも抑制してしまうと、歯止めが効かなくなってしまう恐れがあります。「抑制」なんて言ってるけど、手足を縛るというのは一般の社会では犯罪行為です。それが平気になってしまうと、ちょっと危険が伴うというだけで抑制というやり方に頼るようになります。そしてそれは、虐待へとつながっていく道を拓《ひら》くことになるのです。

ゼロを一にするのには大きな抵抗があっても、一を二や三にするのは簡単です。だから「老人が嫌がることはしない」という大原則を崩してはいけないのです。さあ皆さんは、抑制しないで点滴する方法をいくつ考えることができたでしょうね。

彼女はこう言いました。「職員が交替でMさんの手を握って話しかける」。すぐに一人の寮母から反対の声が挙がりました。「明日は特浴の日ですよ、職員の数も限られているのにそんなことをしている時間的余裕はありません」と。他の寮母もみんな同じ意見だというのはすぐにわかりました。

さて、それに対して彼女は何と言ったでしょう、というのも私の研修会での質問なんですが、読者の皆さんにはじらさないで教えましょう。

「風呂はやらなくていい」。寮母たちはびっくりしていました。私も内心驚きました。だって介護職の仕事は、生命の維持に欠かせない食事と排泄《はいせつ》、そして生活に欠かせない入浴をちゃんと保障することなのです。それをやらなくていいとは。

「もっと大事なことがあるんだから、お風呂はやれる範囲でやって次の日にすればいいのよ」と続けたのです。

そうか。やらねばならぬものだと考えてしまうとそれは単なる仕事、さらに作業になってしまう。そして、本人が嫌がっていても、せねばならないことだからと強制することにもつながりかねない。

もっと大事なこと、つまり一人の老人が生きていこうという気持ちを失うかどうかというときに、無理して入浴介助をする必要はないんだ。運送会社で、しなければならない作業をこなしていた私には新鮮でした。

**縛らないためなら何でもやろう**

でもその方針、つまり、職員が交替で手を握るという方法は、やらなくてすんだんです。これは二つめの案でした。一つめがうまくいかなければこれでいこうというものでした。

一つめの案は、職員ではなくて、ボランティアさんに手を握っていてもらおうというものでした。

ありがたいことに、この特養には、ほぼ毎日、教会の婦人部の人たちが交替でボランティアに訪れてくれていました。特養のボランティアというと、掃除や洗濯物タタミというのが多いんです。うちもそれもやってもらっていました。でもいちばんありがたいのは、特定の入所者に会いに来てくれるボランティアさんです。

広島で被爆して家族を失った人が多く入所していたので、面会がなかったり、少ない人が多くいました。そんな人に「家族代わり」になって会いに来てくれるボランティアさんがいたんです。

そんな熱心な人に、主任生活指導は電話をかけます。「明日の、しかも朝からなんだけど」と事情を話すと、翌日の朝、三人の女性がやってきてくれました。そしてこの三人が交替で、例の、かつて「問題老人」、じゃなかった「介護困難老人」だったMさんの手を握ったんです。しかも三人とも、これまで手を焼かされた職員とは違って、優しく話しかけ、職員は何回も聞かされたMさんの昔話もちゃんと聞くものですから、Mさんはニコニコ笑って上機嫌で、点滴の二時間半は、痛みも不快も訴えることなく、すぐにすぎてしまいました。

考えてみれば明治生まれの男性が、若い女性三人から次々と優しくされるんですからこんな幸せなことはないでしょう。若いといったって、相対的にですけどね。

すぐにMさんの検査の値は正常に戻りました。みんな、あれは点滴のせいじゃなくて、手を握られたからだと噂《うわさ》していますね。本人は「また点滴はないんか」と言ってるし。

介護現場でボランティアをしたいという人はいっぱいいます。できたら、行事のときに家族がいない人のための家族代わりボランティアや、点滴のときに手を縛る代わりに手を握ってくれるボランティア、そんな役割をしてもらいたいものです。

そして、手を縛らないためなら、なんだってやろうというその決意、そして創意工夫、それが介護が介護であるための基本だと思います。

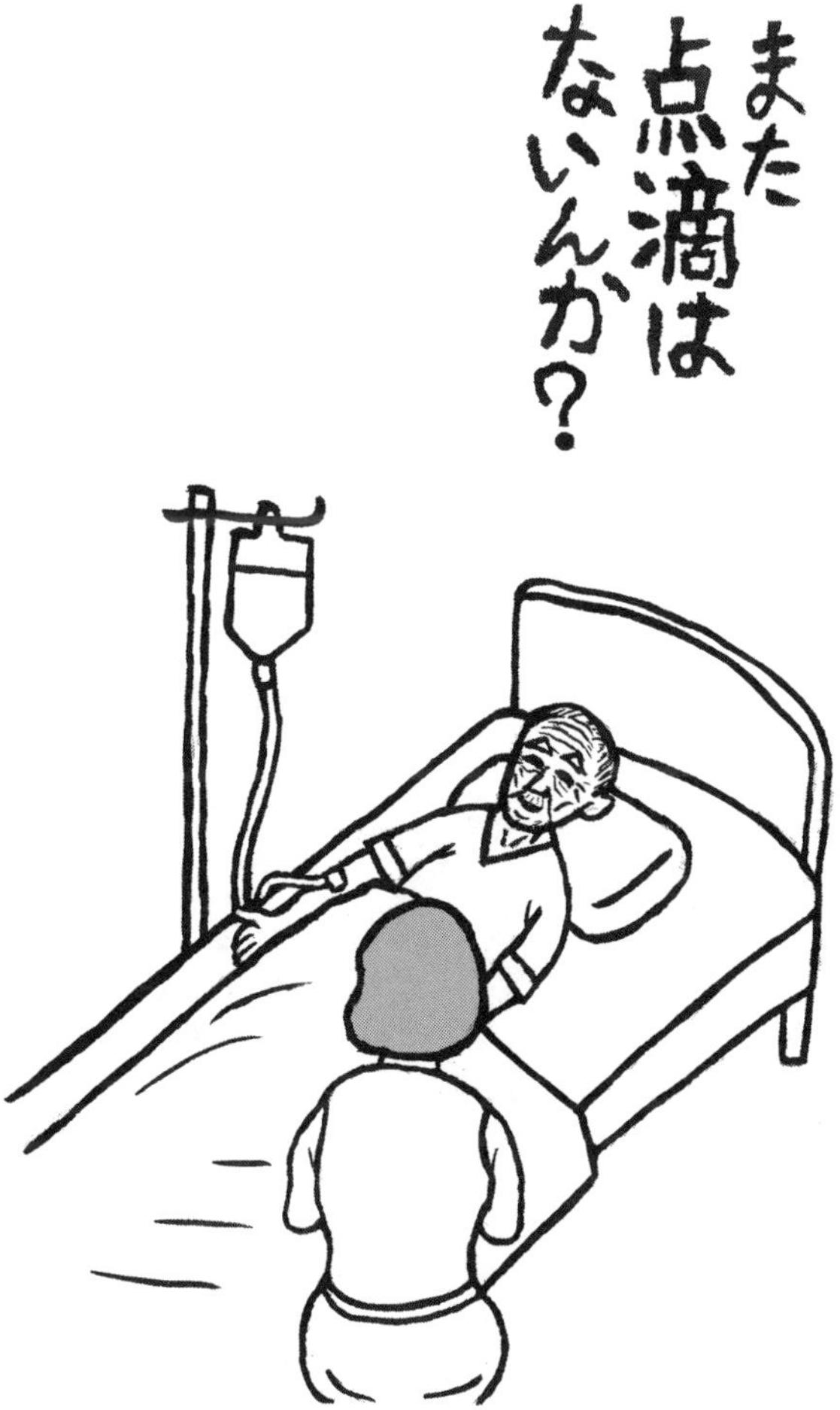
また点滴はないんか？

## 質問！　介護施設のボランティア？

ボランティアというコトバを知らない人はいないでしょう。お金などを目的とするのではなく、命令されたのでもなく、自発的に社会活動に参加する人のこと。その活動のことも。

Voluntary＝自発的な、というコトバから、もともとは志願兵を意味しましたが、日本では、災害ボランティアや施設ボランティアとしてすっかり定着しました。

でも最近は、そのボランティアを義務化する学校もあるようです。ボランティア活動で単位がもらえるとなると、これは、Voluntaryとは言えないと思いますが。

施設ボランティアにもいろいろあります。地域の踊りや器楽演奏のグループが「慰問」にやってきてくれることがあります。でも「慰問」という表現は不適切です。

病院なら慰問でいいですよね。病気という特別な状態、人生の特別な一時期ですから慰めに行くのはいいことです。

でも特別養護老人ホームは、病気を治療する場ではなくて生活の場なんです。入所者は、老化や手足のマヒがあるかもしれないけど、介助を受けながら生活している主体なんです。住民票だってちゃんと移しているんですから。

家で普段の生活をしているところに、「慰問にきました」と言われると失礼だと思いますよね。どうか「慰問」は「訪問」と言い換えてください。

いちばんいいボランティアは、本文でも書いたような、特定の入所者に会いに来てくれる人です。特に家族の訪問の少ない、不安で淋《さび》しがっている人に。

# 第四章　人生、やり直しはできる　そして、そのほうが面白い

**「脳卒中」後にも人生**

脳卒中という病気はご存知でしょうか。正式には、脳血管障害といって、脳の中の血管が破れたり、つまったりして、脳細胞が死んでしまう病気です。

右か左、どちらかの手足がマヒして全く動かなくなったり、思うように動かなくなるだけでなく、脳のどの部分が損傷されたかで、さまざまな症状が現れ、障害として残ってしまいます。

私が介護の世界に入った一九七四年当時には、まだ、医師や看護婦の多くは、「脳卒中には絶対安静」と考えていました。意識のない重い症状の人にはもちろんですが、意識もある軽い症状の人にも「頭を動かさないようにして、ジッと寝ていてください」という指示がなされていたのです。

ですから、手足のマヒはほとんどない人でも、あっというまに寝たきりになってしま

いました。そんな軽いマヒの人が、脳卒中で倒れて一年間も風呂に入っていないので、家族が「入浴させたいのですが」と言うと、主治医から「殺す気か」と怒られた、という話もありました。

脳卒中になって、手足にマヒが残ってしまったら、それから後の人生があるとは誰も考えていなかったのです。まして、そんな不自由な体で、「姥捨山《うばすてやま》」と考えられていた特養ホームに入所してくるのです。「死にに行く」と思ってやってきたという人が大半でした。

そんなお年寄りたちが、ここでは、静かに一人ずつ、自分の人生を取り戻していってるかのようでした。もちろんマヒした手足が治るわけではありませんし、特養ホームから家庭に復帰することもできませんが、それでも、もう一度生きていってもいいか、と思い始めるのです。

施設のスタッフが特別なことをしたわけではありません。第二章で述べたように、介護の専門性も存在しておらず、優しさやまごころに溢《あふ》れたケアがあったとも思えませんが、ただ「老人が嫌がることはしない」ということだけはできる限り守ろうとしてきました。

## 「リハビリ」の誕生

その頃、「リハビリテーション」という聞き慣れないことばを耳にするようになりました。いまでは、お婆《ばあ》さんたちが「ちょっとリハビリに行ってくる」なんて、ごくふつうの日常用語になりましたが、当時はまだ珍しいことばでした。

「リハビリテーション」の本来の意味は、「名誉回復」とか「人間的資格の再建」です。医療の分野では「再建医療」と訳されたこともありましたが「リハビリ」とか「リハ」という略語ですっかり定着してしまいました。

リハビリテーションが発達したのはアメリカです。きっかけは戦争でした。朝鮮戦争、ベトナム戦争で、砲撃、銃撃を受け、地雷を踏んで、手足を切断せざるをえない人がたくさんいました。

彼らの大半はまだ選挙権もない、一八歳や一九歳の青年だったのです。人生これからというときに身体に障害を持ってしまい、その後の人生が存在しないというのでは困ります。

そこで彼らのこれからの長い人生を支えるために、リハビリテーションの態勢が整えられます。理学療法士（Physical Therapist、略してPT）、作業療法士（Occupational Therapist、略してOT）といった職種が医師と共に彼らに関わります。

切断された上肢や下肢の代わりに装着する義肢の発達はめざましいものでした。車イスも、単なる移動の道具ではなくて、バスケットやマラソン用のスポーツを楽しむタイプまで登場しているのはよくご存じだと思います。

人間を破壊する戦争が、人間の名誉を回復するリハビリテーションを発展させたというのは皮肉な話です。

戦後の日本では、幸いなことに戦場に行く人はいませんでした。しかし、高度経済成長の下、ビルの建設、道路や鉄道の工事のために労働者の事故が多発します。「労災事故」と呼ばれました。「労災」とは労働災害の略語です。

彼らは三〇代四〇代の働き盛りでした。田舎から出稼ぎにきて、妻や子どもに仕送りしている人も大勢いました。

ですからいつまでも病人として寝ているわけにはいきません。早く仕事に戻らねばなりません。生活がかかっているのですから。

ですから日本では、こうした「労災事故」による病人を専門的に治療する「労災病院」でリハビリテーションが発展していきました。

## リハビリ対象は若者だった

手足にマヒがあっても、そして手足を失っても、人生が終わったわけではないんだ、そこから新しい人生を作っていくという点では、私たちが特養でやっていることと、リハビリテーションは同じじゃないかと私は思いました。

ただ大きな違いはあります。かたや、人里離れた地で、世間から知られることもない老人施設で静かに進められているのが私たちの介護ですが、リハビリテーションのほうは、「新しい医療」として世の中の脚光を浴びながら近代的な病院で登場していました。

他にも違いがあります。病院のリハビリテーションでは若い人が対象でした。特に労災患者さんは、訓練意欲に溢れ、家族も一日でも早い退院を心待ちにしていました。

でも施設の介護が対象としているのは老人です。意欲を失っている人ばかりですし、家族もまた、元気になって家に帰ってこられては困ると考える人が多いのです。

ですから、私たちのやっていることは、まず意欲、それも、訓練意欲までいかない生活意欲を取り戻してもらうということから始めなければなりません。

病院のリハビリテーションには専門性があります。特に人体についての知識や技術は、医者は医学部で、ＰＴやＯＴは専門の養成機関で教育を受け、国家試験に合格しています。

私たちにはそんな高い専門性はありません。でも、再び生きていこうという気持ちになってもらうということについては私たちのほうが上手《うま》いかもしれません。事実、病院では意欲のない高齢者は長い間リハビリの対象とはされてこなかったのです。

人体に対する専門性ではとてもかなわないけれど、人生に対する「深さ」のようなものでは負けないのではないか、そう思っていました。そして、その専門性の高さと人生への「深さ」がいっしょになれば、これは、リハビリテーションと介護に何か新しいものをもたらすかもしれないとも考えていました。

## 二八歳の転換点

二四歳で特養ホームに就職して、あっという間に四年が経ちました。

二八歳になろうかとするある日の朝礼のことです。夜勤明けのスタッフから日勤者への引き継ぎが終わった後で、施設長がこんな話をしました。

「医者はそのうち余ってきて、介護現場にも来てくれるようになるかもしれない。しかし、ＰＴやＯＴはしばらくは無理だと思う。そこで自前で養成したいと思う。県からの奨学金も出るし、誰か学校へ行かないか」と言うのです。

「寝たきりにしない」というのを介護方針としていた施設ですから、リハビリテーションには早くから注目していて、病院のリハビリ担当者が月に二回施設にやってきて指導してくれていました。その人の影響で私もシロウトながらリハビリの本を読んだり、研修会に誘われたりしていたので、施設長のこの話には興味がありました。

しかし問題があります。私は高校を卒業していないので養成校の受験資格がないのです。どうすればいいのか。高校に入り直して一年間、三年生をやって卒業証書を手にするという方法か、もう一つの方法がありました。文部省（現・文部科学省）が実施する「大学入学資格検定」というものがあったのです。略して「大検」と呼ばれていました。この検定に合格すると、高校を卒業していなくても大学などを受験できるのです。

現在では「高等学校卒業程度認定試験」、略して「高認」と呼ばれています。

私が通っていた中高一貫校は、いわゆる受験校でした。みんな有名な大学へ進学するために勉強していました。大学に行かないという選択肢はいっさいありませんでした。ましてや高校中退なんていうのは、人生が終わるのと同じだと思わされていたのです。でも中退してもちゃんとやり直して大学へ行く道があるんだなと気付いてホッとしたものです。

ちなみにネットで「大検」を検索すると「大検を受験した有名人」というページがあって、そこに私の名前が出ている、と息子が教えてくれました。

問題がもうひとつ。お金です。私立の理学療法士、作業療法士養成校に行くには、入学金、授業料は驚くほどの金額です。四年間働いていたとはいえ、貯蓄をするタイプではありません。

父親は公務員でしたから、両親に頼めば援助はしてくれるでしょう。なにしろ、一人息子が中卒の学歴しかないのを心配していて、せめて資格をと、「普通二種免許」をとるのに金を出してくれたりしました。ですから私はタクシーの運転手にはすぐなれたんです。結局いちどもやらないままでしたけどね。

こちらの問題も解決法が見つかりました。援助なしでは無理ですが、援助してもらう額が少なくてすむ方法です。

日本のリハビリテーションは、労災病院で発展してきたと書きましたね。労災病院は全国各地の工業地帯に設置されていましたが、PTとOTが不足していました。そこで当時の労働省（現・厚生労働省）が作った専門学校がありました。北九州工業地帯の中心地、小倉にあった「九州リハビリテーション大学校」です。ここなら、入学金も授業料も不要なんです。いま思うと夢のような話です。現在ではこの学校は民間に移管して、他の私立と同じようにそれなりの入学金、授業料が必要です。

その後、国公立大学にPT科やOT科が次々と作られたので、これからリハビリテーションの世界に入ろうという若い人たちには選択肢が広がっていると思います。ただ、日本の大学は国立といえどもずいぶん学費がかかってしまいますけどね。

## 人生に決まった道なんてない

ただそんな好条件の学校ですから倍率は高く、試験に合格するにはちゃんと受験勉強をしなくてはいけません。

一〇年前の高校の教科書を引っぱり出して、好きなビールを控えて久々に勉強して、大検、そして「リハ大」の試験になんとか通って、理学療法科に入学することになりました。同級生の大半は一〇歳年下でした。

私はなにしろ、高校退学処分という前歴の持ち主ですから、「道を外れた」と思っていました。人生には決められた道がある、つまり、いい大学を出ていい会社に就職し、結婚して家族をつくり、出世して定年を迎え、子や孫に囲まれて余裕のある老後を送る、といった一生をイメージしていて、私はそこから外れてしまったのです。

でもその考えは、この仕事で多くの老人に出会うことで大きく変わってしまいました。老人たちの人生を知れば知るほど、「決められた道」なんてないんだと思うようになるのです。

人生はみんなバラバラ。ここで暮らしている一人一人もじつに個性的ですが、ここに至る過程も個性的。一人一人が波乱万丈、すごいエピソードがあるんです。

なにしろ老人の世代は、あの長い戦争を経験してきました。人生を振り回され、狂わされた世代です。

今の時代には戦争はありません。でも代わりに「経済戦争」が続いています。「企業戦士」なんてことばがあるように、利益のためには限界以上に働いて、ノイローゼ、鬱になる人が続出しています。日本人の自殺率は、世界の先進国の中で第二位です。

しかも、いくら大きな企業に所属していても、いつ経営が危機になるかわからないという時代です。

やはり現代に生きる若い人にも、決められた人生の道なんてない、と思ったほうがいいでしょう。

そう思うと私は気分がスッと楽になりました。道を外れてしまったことを悔やむ気持ちもなくなりましたし、逆に、元の道に戻ってやるものかといった気負いもなくなったのです。「道」に拘《こだわ》る必要なんかないんですから。

ならもっと自由に生きりゃいいやと思えるようになりました。ここの入所者のように、歳《とし》をとればとるほど個性が際立っていくのなら、若いときから個性的に生きていきゃいいと思ったのです。

## 「介護」の始まるところ

でも、勉強が嫌い、というのも私の個性なので、果たして、一〇歳も若い同級生たちとの三年間の学業生活が務まるのかと心配していました。でも心配は無用でした。勉強が面白いんです。私がそうなるとは、これまた新しい発見でした。

学校の勉強はかなりハードでした。三年間で医療の専門家を育てるのですから、一年めから解剖学、生理学ですし、大学のように、二ヶ月間も夏休みがあるなんてことはなくて、高校生より厳しい年間スケジュールでした。

ただこれから皆さんがＰＴやＯＴになろうとするのならば、いまでは四年制大学が多くなってきたので、そちらならもっと余裕があるだろうと思いますし、可能なら四年制

がいいでしょう。専門学校とは違って正式の学歴にもなりますし。

なぜ勉強が面白いのか。それは私が社会にいたからです。私たちは小学校、中学校、そして高等学校と一二年間の教育を受け、さらに進学する人は大学での四年間を経て、その後で社会に出ていきます。それが普通なんです。でも私は、社会で働き生活しながら勉強する、あるいは、社会で働き生活した後で勉強するほうがいいんじゃないかと思うんです。

なぜなら、学校で教わることが、みんな、老人の顔と名前に結びつくんです。ある病気について教わると、その病名のついていた入所者が頭に浮かびます。そうすると、その人が訴えていたことの意味がわかってきたり、自分が病気についての知識がなかったために、見当外れの対応をしていたことを反省したりするのです。

もちろん出会ったことのない病気や障害についても学びますが、生活場面を体験しているので、そんな人には入浴ケアで何を気をつけるべきか、食事ケアでは、と想像を働かせながら勉強できるのです。

ここでは勉強は試験のための暗記術ではなくて、いい介護をするための武器を手に入れることなんです。

その点、高校を卒業してすぐにこの学校にやってきた同級生たちは大変だったろうなと思います。脳卒中で片マヒの人にも、認知症の人にも会ったことのないまま、教え込まれ、覚えなくてはならないのですから。

## あっ、ここに「宝の山」がある

現場で感じていた謎も解けました。

Iさんは脳卒中で右の手足にマヒがありました。こうした右マヒの人の一部に、失語症という症状を伴うことがあります。人のことばはほぼ理解できるのですが、自分が思っていることがコトバになって出てこないという症状です。

Iさんも重い失語症で、入所して以来、一度もしゃべったことがありません。いや一度だけありました。若い寮母がIさんを冷やかしたんです。するとIさんは顔を真っ赤にして、「……バカヤロー！」と大声を出したんです。

その寮母は走ってスタッフルームに帰って「Iさんがしゃべった」と報告したもので

すから、全寮母がIさんのベッドサイドに集まってきて「もう一回、バカヤローって言ってみて！」と頼んだんです。「バカヤロー」と言ってこんなに喜ばれたのはIさんだけでしょうね。

それくらいしゃべることのないIさんですが、月に一回の誕生会のときにマイクを持たせると、なんと、「桃太郎」の歌を六番まで歌い続けるんです。

「桃太郎さん、桃太郎さん、お腰につけたきび団子〜」というあの歌です。まず、この歌が六番まであることに驚きました。しかしもっと驚いたのが、重い失語症の人がスラスラと歌ったことでした。

でもこれ、学校で勉強すると不思議でもなんでもないんです。ことばを司《つかさど》る言語中枢は大脳の左側の脳にあります。ここで血管が破れたりつまったりすると、右の手足のマヒが起こるんです。

脳から出ている運動神経、感覚神経は、なぜか首のところで交差して、左側の脳からの神経は右半身につながってるんですね。だから、右の手足の運動マヒ、感覚マヒが起こって、運悪く言語中枢のところが傷害されると、Iさんのような失語症になってしまいます。

ところが、歌というのは右側の脳が担当してるんです。言語や論理は左の脳、歌のような情緒を司るのは右の脳なんです。だから、失語症でもメロディはちゃんと出てきて、そうするとメロディと共に覚えている歌詞もスッと出るんです。

なるほど、いい介護をするために、医療、看護、リハビリの知識や技術は「宝の山」ではないか、と私は思いました。ありがたいことに、この世界には膨大な宝が蓄積されています。

しかし、医療の世界では、この知識と技術を病気を治すためには活用するのですが、もうこれ以上治らないとなると、急に興味を失います。「早く退院してください」なんて言われてしまうのです。

そうか、そこからが介護の役割なんだ。

## 質問！「理学療法士」・「作業療法士」ってどんな仕事？

私は、『実用介護事典』（講談社）の監修者のうちの一人です。834ページもある、枕にもなりそうな事典です。

ちなみに、世界中でこれほどちゃんとした介護の事典があるのは日本だけのようです。ヨーロッパでも、介護職は看護助手という扱いでしかなく、独自の文化を持っているとは言えません。

さてこの事典では、「理学療法士（ＰＴ）」の項目は、こう始まっています。「高齢者や障害者の運動機能の維持、改善をはかり、生活の再建を援助する専門職のこと」。「作業療法士（ＯＴ）」はこうです。「作業やゲームなどの活動によって心身の維持、改善をはかることを援助する専門職」。

中略して、こう終わります。「理学療法士（作業療法士）の資格を得るためには、高校卒業後、養成校で３年以上の教育を受け、国家試験に合格する必要がある」。

なんとも客観的な、無駄のない説明ですね。でも若い人から、「ＰＴ、ＯＴってどんな仕事ですか？」と聞かれるとこう答えます。

「生きていくのに困っている人に関わっていける仕事です。それも、ＰＴなら身体の機能、ＯＴなら心身の活動という、具体的なものを通して関われるのが強みです。良くなる人は間違ったことさえしなければ良くなります。良くならない人はいくら頑張っても良くなりません。でも、私が関わるか関わらないか、どう関わるかで、良くなる、ならないが決まる人が１年間に何人かいるんです。つまり私がその人の人生を変えるかもしれないんです。やりがいのあるいい仕事だと思いますよ」。

# 第五章　介護は時代の最先端

**医療は「人体」、介護は「人生」**

医療、看護、リハビリという分野の膨大な知識と技術、これは病院で病気を治すために活用されています。では、これ以上は治りませんと言われて退院したものの手足のマヒといった障害が残っている人たちに関わる私たちは、その知識と技術を何のために使いこなすのでしょうか。

それは「治す」ではなくて「暮らす」ためでしょう。「生活していく」と言ってもいいですね。

脳卒中で手足のマヒといった症状が出たとき、これを治すのは医療やリハビリの仕事です。しかしその治療とリハビリが終わって退院してからは、「このマヒした手足を持ってどう生活すればいいのか」という課題が生まれてきます。

それは具体的な、体の起こし方から始まって、何を目的にして生きていくのかという、人生観までもが問い直されるものです。そしてそれに応《こた》えていこうというのが介護という仕事なのです。

いわば、医療やリハビリが「人体」に関わる仕事なのに対して、介護は「人生」に関わる仕事だと言えるのではないでしょうか。

人体に関わる仕事は大切です。なにしろ命に関わるということですから。医学の進歩のおかげで、治らない病気も治るようになり、重い脳卒中でも命が助かる人が増えています。

しかし、せっかく助かったのに「こんな体になるのなら、あのとき死んでしまったほうがよかった」と思われるとしたら悲しいことです。治療の意味は何だったのかということになってしまいます。

「こんな体になったけど生きていてよかった」と思えるような体験をしてもらうこと、これが介護という仕事がすべきことなのです。これって、医療と同じくらい意味のある仕事だと思いませんか？

## 「エビデンスはあるのか？」

「人体」に関わる仕事と、「人生」に関わる仕事には、大きな違いがあります。医療や看護、リハビリの専門家なら誰でもすぐに介護くらいできると思っているとしたら、それは大きな間違いです。それどころか、発想を大きく変えなければ、むしろそうした専門家が介護をダメにしてしまうことも少なくないのです。

その、介護の持っている独自の専門性とは何なのか、それを問い直してみようと思います。

理学療法士の養成校では、専門的な知識と技術を学びます。学ぶのはそれだけではありません。価値観も学びます。何をめざすべきかという方向性と言ってもいいと思います。

まず、より専門的に、ということを強調されます。なにしろ、医療の一角を担う専門職になるのですから、専門的な知識、情報、技術を習得しておかねばなりません。

教官からは「エビデンスはあるのか？」とよく問われました。evidenceとは根拠という意味です。科学的根拠はあるのか、学会で認められているのかというのです。

しかし、人間というのは不思議なもので、科学的根拠なんかないものでも、治療効果があるなんてことはよくあります。でも専門家が仕事としてそれを勧めるのはどうでしょうね。専門家のやることは科学的裏付けのあることでなくてはなりません。

さらに、やってることが科学的で専門的であるというのなら、それが効果があるということを、客観的データとして示せなくてはいけないというのです。

そういえば、介護職の頃に連れて行かれたリハビリの学会で、発表者が数字だらけの発表資料を映写しながら「P＝○・一で有意差が……」なんて言ってて訳がわからなかったけど、学校では「統計学」という授業もあって、自分の仕事が専門的だと認めてもらうためにデータ処理の方法も学ばされるんです。

私たちがめざすべき方向性を、上向きの矢印で示すと次の図1のようになります。「専門的」「科学的」「客観的」がめざすべきプラス。逆に「シロウト的」「非科学的」「主観的」はマイナス、となります。

医療の世界は、より専門的で科学的で客観的な方向をめざして毎日のように進歩していってます。医療だけでなく、世の中全体がそれをめざしていると言っていいでしょう。

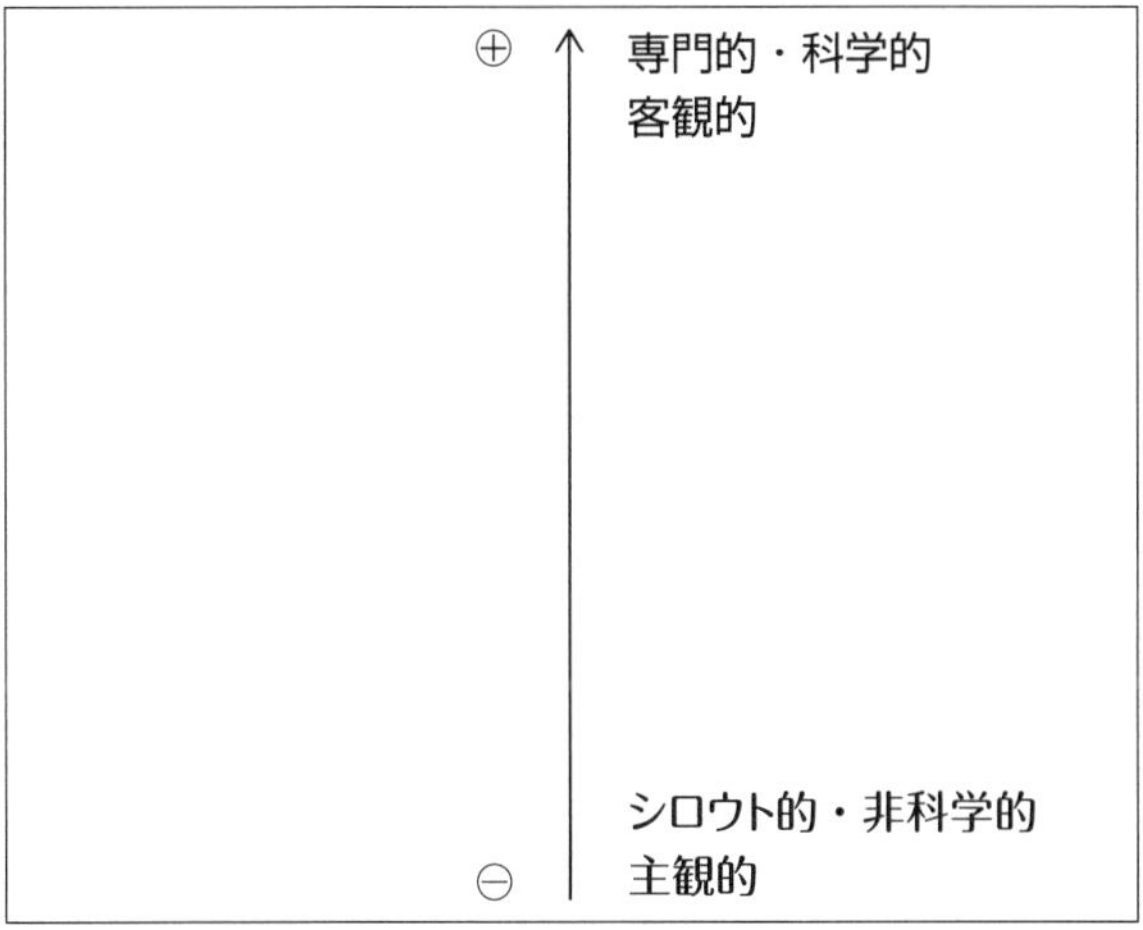


図1

それによって、私たちの生活はより快適になり、幸せに近づくだろう、とみんな信じているようです。

## 老人の笑顔が「エビデンス」

でも私は疑問を持っています。そうなっていくことが良いことだと、手放しで喜べないと思うのです。

まず、この評価軸では、私たちがやってきた介護という仕事はあまり評価されません。介護という仕事は長い間「シロウト的」なものと思われていました。実際に誰でも介護職になれたし、高校中退で介護に興味もないこの私が介護の世界に入れたのもそのおかげでした。

それではよくない、というので、「介護福祉士」という国家資格制度ができました。医療の仕事と同じように、評価軸の上のほうに向かって行こうというのです。

とはいえ、なかなか「科学的」にはなれません。新しい分野なので研究も発表もほとんどありません。「科学的根拠を示せ」と言われても困るのです。

むしろ、現場でいろいろとやってみて、偶然認知症老人が落ち着いた方法の根拠を、後から考えるというのが私たちのやり方です。根拠に基づいてやるのではなく、やってみてからその根拠を探すのです。

「客観的」はもっと弱いんです。効果を数字にして示せといわれてもそうはいかないんです。病気になってそれが回復していく過程なら、良くなったことを数字に表せるでしょう。でも、介護が対象とするのは、もうこれ以上良くなりません、と言われている人たちです。後は毎日老いていく人たちです。

でも、無表情でやってきた人に笑顔が戻ってきたなんてことはたくさん経験しました。生きていてもしかたない、と思っていた人がもう一度生きていこうと思うようになったんです。この変化を表す方法はないかと私たちは考えました。

表情が明るくなった、と表現しますよね。この表情の明るさを数量化できればなぁと思いましたね。「入所時五〇ルクスだった表情が三ヶ月後五〇〇ルクスに輝きました」なんてできないかなと。

私たちは写真を使うことにしました。入所時に撮った顔写真と三ヶ月後のものを比べてもらうんです。明らかな違いがあって、介護現場にいる人は、ワーッと声をあげますが、学会では相手にされませんでした。そんな主観的印象では科学的とは言えない、と言われてしまうのです。くやしいなあ。

## なにが幸せかが問われている

私は考えました。世の中全体がめざしているとはいえ、介護までがこの評価軸の上へ向かっていっていいのだろうかと。この「専門的」「科学的」「客観的」という方向性は、病院に勤めている医師、看護師、ＰＴ、ＯＴにとっては正しいものでしょう。

なにしろ「人体」に関わる仕事ですから、客観的な解剖学を知っておかねばなりません。さらに、病気のときの「人体」なんですから病気についての知識である病理学が必要です。その病理学がわかるためには、健康なときの人体のしくみである生理学を学んでなくてはいけません。そして、最新の知識と技術を知っておかねばなりませんから、上へと向かう矢印をめざすのは当然なのです。

でも介護は違っています。私たちが関わるのは「人体」じゃなくて「人生」でしたね。「この人の人生の意味は何だろう」とか「人生の目的は？　生きがいは？」といった問題に関わるんです。

特に病気でもないのに、食事をしなくなったお婆《ばあ》さんがいました。こうしたとき、医療の人たちは「食べられない」と考えるのですが、多くの場合、老人は「食べない」のです。「こんな人の手を借りるようになってまで生きていたくない」と思って食べなくなるのです。私はこれを「消極的自殺」と呼んでいます。

私たちは「生きている間にやり残してることはありませんか？　会いたい人はいない？　行ってみたい所はない？」と尋ねます。

するとお婆さんは「故郷に帰ってみたい」と言いました。二〇年も帰ってないというのです。「帰りたいよねぇ。でも車で往復五時間はかかるから、今の体力じゃ無理じゃないかね」と言うと、その日の夕食から食べ始めるんです。

介護は、この人にとって何が生きがいか、何が幸せなのか、というところまで入り込んでしまうんですね。

だとすると、介護がめざすべき方向が、「専門的」「科学的」「客観的」という、図で示した上の向きでいいとは思えないんです。

いくら専門家が検査してもその人の「幸せ」はわからないでしょう。「生きがい」に客観性はありません。一人一人違うものです。科学的に「幸せ」や「生きがい」を判定されてはかなわないですよね。

### 介護に必要な新しい評価軸

私は、介護がめざすべき方向性は、一本の評価軸だけでは示せないと思います。そこで新しい評価軸をヨコ軸として付け加えようという提案をしています。

つまり、タテ軸とヨコ軸で作られた座標軸の中で介護がめざすべき方向を考えていこ

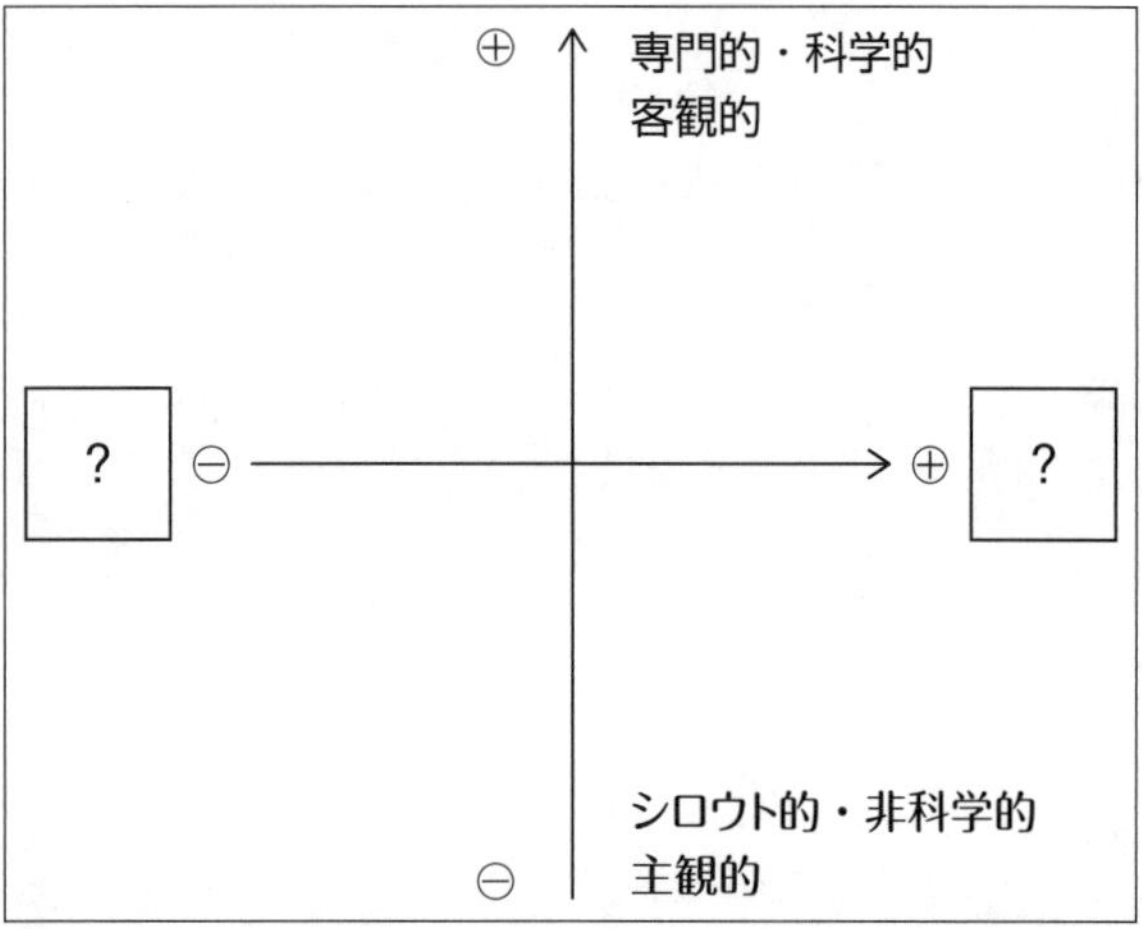


図2

うというのです。

「専門的」「科学的」「客観的」であることも大事ですが、介護にとって、それ以外に大事なものがあるはずです。それをヨコ軸の右側に＋（プラス）、そして左側に－（マイナス）の符号を入れてみましょう（図2）。

このヨコ軸の右と左にそれぞれどんなコトバを入れるべきでしょうか。

まず、右側の＋（プラス）に入れるべきもの、つまり、介護になくてはならないものから考えていきましょう。私たちは、食事をしなくなったお婆さんに「やり残していることはありませんか？」と尋ねました。老人でも子どもでも、そして私たちでも、自分がやりたいと願っていることをするときにはイキイキしています。これが介護には欠かせません。

つまり、右側の＋（プラス）に入るべきコトバは「自発的」でしょうね。もっというと、老人が自分の身体と人生の主人公になっていると感じられること、「主体的」でもいいでしょう。

元気のなかったお婆さんが、二〇年ぶりに故郷へ帰れると思ったとたん、ご飯を食べ始めたことに驚いた私たちは、入所している老人みんなにこの質問をすることにしました。

すると、いろんな希望が出てきました。やはり、故郷に帰ってみたいというのが最も多かったのですが、「えべっさんに行ってみたい」が二人。「えべっさん」とは、広島で一一月に行われる「胡子大祭《えびすたいさい》」のこと。「市民球場でカープの試合が見たい」という人は四人もいました。なかには「戦友の墓参りをしたい」というお爺《じい》さんも。

一人一人のやりたいこと、を聞くとみんなバラバラなんです。つまりそれぞれの個性が出てくるんですね。

そこで、右側に入れるもうひとつのコトバは「個性的」。介護の世界では、「個別的」と言われています。

さあ、新しいヨコ軸の＋（プラス）に入るコトバは、「自発的」又は「主体的」、そして「個性的」又は「個別的」です。

ではここで再び問題です。では、ヨコ軸の左側、つまり－（マイナス）に入れるコトバは何でしょう。「自発的」「主体的」「個性的」「個別的」の反対のコトバ、つまり、これではいい介護とはいえないというものが入ります。

「主体的」の反対というと「客体的」ですが、ちょっと固苦しいですね。「強制的」とか「受身的」でどうでしょう。

## 「個別」と「集団」はセットでなくては

「個別的」の反対というと、よく「集団的」という答えが返ってくるのですが、私は違うと思っています。集団と個は反対のものではありません。むしろセットです。集団の中にいるからこそ個性が見えてくるんです。たった一人でポツンといたのでは個性なん

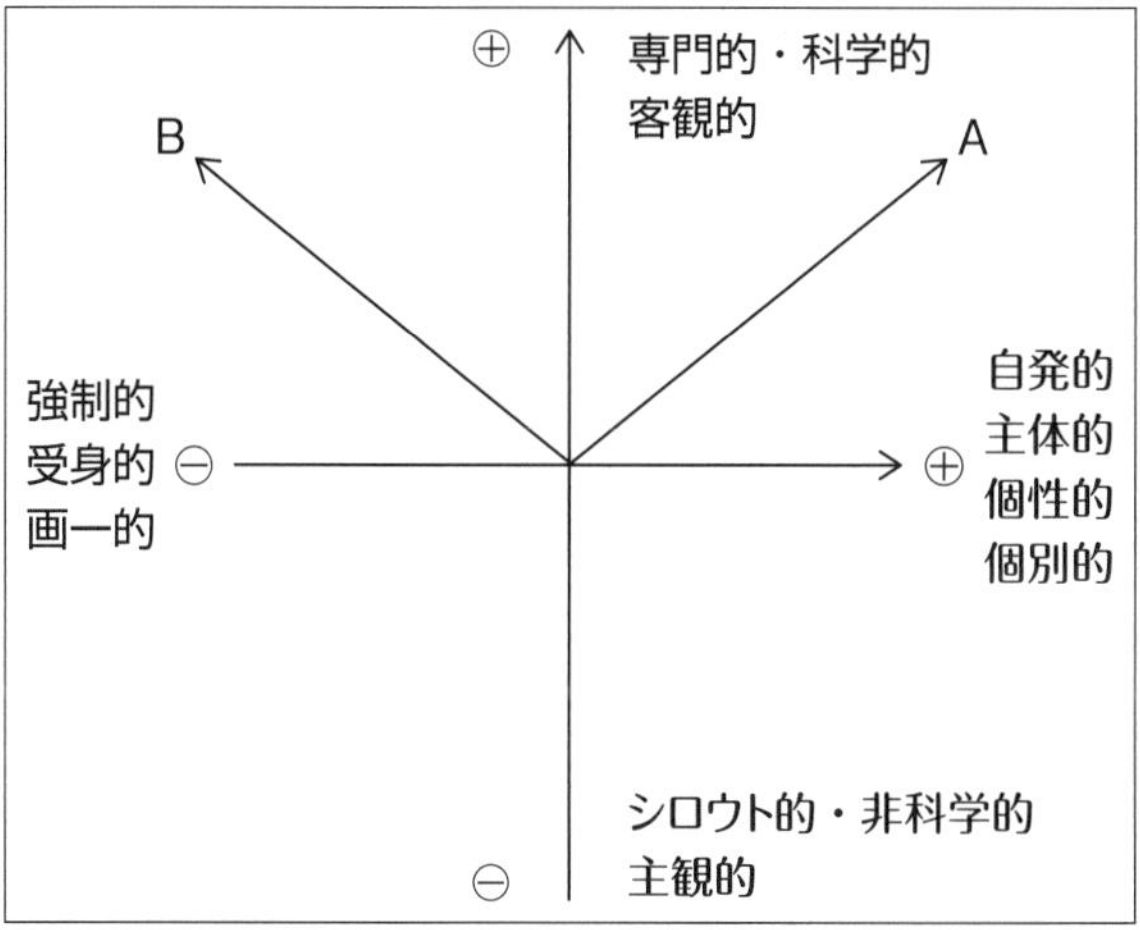

図3

かないですよね。いろんな集団に属していれば、それだけ個性も多様で豊かになるのですから、集団的なものはたくさんあるべきです。

ただ、個性を認めないような集団というのがありますね。それは介護とは相容《あいい》れません。それはどんな集団かというと、「画一的」な集団ですよね。

ですから、左の－（マイナス）に入るコトバは、「強制的」「受身的」そして「画一的」となります。ではその新たなヨコ軸に入れるコトバを書き入れた、タテ軸とヨコ軸で作った座標を完成させてみましょう（図3）。

さあ、そうすると、人体ではない人生に関わっている介護がめざすべき方向はどちらだろう。言うまでもない。〈A〉で示した右上の方向です。専門的で科学的で客観的だけれど、人を強制的、画一的にしてしまわないやり方を求めなければなりません。

もっと言うと、人の自発性や個性を生かすような新しい科学や専門性が求められているということです。

二〇世紀以来、「科学の時代」と言われてきました。でもその方向性は、上向きは上向きでも、図3で示した〈B〉ではなかったのかと思わざるをえません。

科学の発展が私たちを豊かにし便利にしてくれたのは間違いのないところです。でも一方で、その科学の最先端の物理学が作り出した核兵器が人間を殺戮《さつりく》し、原発事故が多くの人の生活を破壊しています。「科学の時代」とは、人間が科学に振り回されることであっては困ります。

タテ軸をもっともっとと求めていったら、いつの間にか「科学」が主人公で人間が受身的にされているんじゃないかと感じ始めています。いわば、〈B〉への方向性を疑問に感じ、人間が主体となって「科学」を使いこなす〈A〉への方向転換が必要とされているのです。

まだまだ〈B〉へと向かいたがっているこの社会にあって、いち早く〈A〉への方向性を作り出しているのが介護という仕事なのです。

## 受身から主体性へ

こうして、タテ軸、ヨコ軸の座標を作って見てみると、なぜ病院という医療の場が、「抑制」などと呼んで老人の手足を縛るなんてことをしていたのか、というその理由がわかってきます。

医療の一番の役割は命を救うことです。救急救命病棟には今日も、救急車で急病人が運びこまれています。こんなときに医療関係者にはその人の人生について思いをはせる余裕なんかありません。命を助けるために、人体に適切な処置をすべきです。

主体性や自発性なんて考える必要もありません。意識がなかったり、苦しんでいる本人に代わって医師が判断するのは当然ですよね。

つまり医療は、私たちが作ってきた座標では〈B〉の世界なんです。科学性、専門性

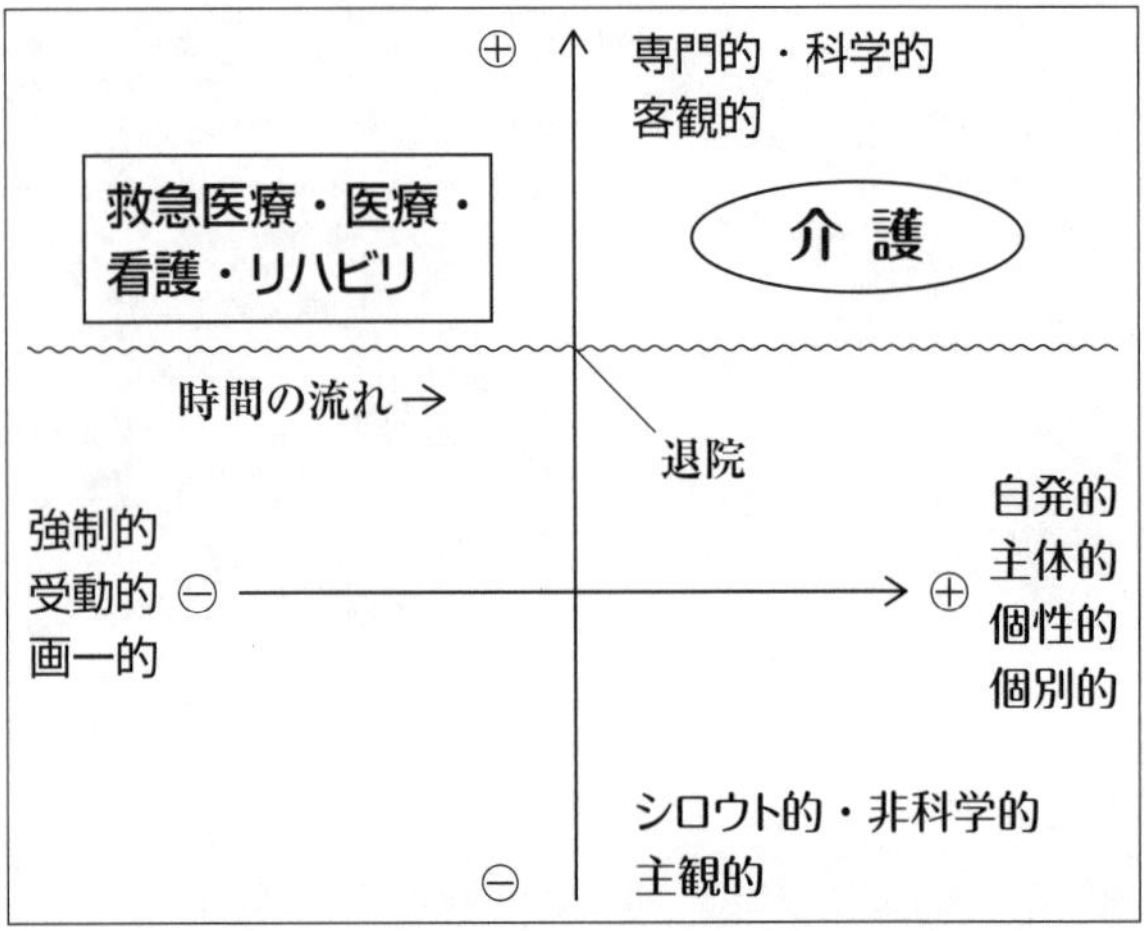

図4

さえ高ければ、患者が受身的、ときには強制的にされたとしても許されるというか、それが当然という世界です。

ところが、命が助かったら、そこから関わり方が変わっていかなければならないんです。救命医療から、医療管理、看護、リハビリと、座標の左上から右上へと移っていく必要があります。

タテ軸を越えるところが退院でしょうね。そしてそこから右側が介護という世界になります（図4）。

ところが、いまだに世の中の人たちには、ヨコ軸の価値観は存在していません。タテ軸だけなんです。そして医療関係者もそうなんです。だから、専門的で科学的であれば、患者に対して強制的であってもやってしまうんですね。

本人が嫌がったときに、じゃあどう工夫するかと考えないで、手を縛ってでも点滴しようとなるんです。救急医療にだけ通用する方法が、ふつうの医療、看護、そして介護の世界にまで及ぶことになります。

なにしろ、長い間、安静看護法が介護だといって教えられてきたんです。安静看護法とは、救急医療に伴う看護法です。患者は上を向いて寝ていて自発的には動けない、動いてはいけないという前提のもとに作られた方法です。

それを介護だと思い込んでやっていたのでは、せっかく大変な介護をやればやるほど、老人を受身にし、主体から遠ざけていくことになってしまいます。

## 医療と看護にも新しい動きが

読者の皆さんのなかには、医療や看護の道をめざしている人もいるでしょう。そんな人たちにいいニュースです。じつは、タテ軸の価値観一辺倒だった医療、看護の世界にもいま大きな変化が表れています。

もうこれ以上良くならない、となるとそこで興味を失っていたのがこれまでの医療、看護でした。しかし、重度の障害を持った人、深い認知症の人、そして死を宣告された人にも、医療、看護がちゃんと寄り添うべきだと考える人たちが増えているのです。

彼らはこれを「緩和ケア」と呼んでいるようですが、症状を緩和するなんて狭い表現ではなくて、人生に関わる「介護」と言ったほうがいいと私は思います。介護が切り拓《ひら》いてきた分野に、やっと医療、看護が追いついてきたなと感じているところです。共に、新しいヨコ軸の価値観を共有していけることを願っています。

## 質問！　介護福祉士ってどんな資格？

介護福祉士は、現場で介護の仕事をしている人たちの唯一の国家資格です。

介護福祉士になるためには、高卒後、２年以上、介護福祉士養成校で学び、国家試験に合格する必要があります。かつては、養成校を卒業するだけで資格が与えられたのですが、厳しくなっています。

資格がなくても介護の仕事はできます。そして３年間、現場での体験があれば、「実務者研修」という長時間の研修を受講すると国家試験の受験資格が得られます。

2015年の受験者は15万3808人で、合格者は9万3760人、61％の合格率です。５人受験して３人通るのですから、国家試験としては難しくありません。

ちなみに、社会福祉士の同年の合格率は27％、ケアマネージャーは15.6％という難関です。そのケアマネ試験に挑戦するためには、介護福祉士として５年以上の実務経験が必要です。資格が無いと10年以上です。

いわば介護福祉士の資格は、介護という世界で責任ある仕事をし、さらにケアマネになるために必要な第一歩です。

でも、資格さえあればいい介護ができると思っては困ります。学校で教えていることや試験問題も、時代に合わない内容が多く、老人を主体にする介護とは言えません。特に入浴介助では、養成校に「特浴」しかなくて、普通の浴槽がないという困った状況です。

それに何より、介護で最も役に立つのは、専門性より人生経験なんです。教科書も読まねばいけませんが、文学や映画で人間や人生を学ぶこともそれ以上に大切だと思います。

# 第六章　認知症老人の世界

## 「治そう」とするより、「暮らす」ことを

前の章で、タテ軸とヨコ軸の話をしました。世の中全体が、より科学的なものをめざすあまり、私たち自身が科学に従属し、受身的になってはいないかと心配しています。

介護の世界でも、ロボットを導入すべきだという主張があって、政府も、ロボットを購入した施設には介護報酬を高くするなんて方針だそうです。でもロボットは老人の主体性や自発性を引き出したりはしてくれませんから、老人は物体として扱われるようになるのは目に見えています。

認知症への関わりでも同じことが起こっています。科学的に作られた化学物質、つまり薬によってなんとかしようという考え方です。

じっさい、日本では大量の薬が認知症の人に出されています。でもこれ、認知症が治るわけではありません。認知症の進行を遅らせる効果があるというだけです。

しかもそのデータでは、統計学的有意差があるかないかのギリギリですし、使っている現場の印象では、効かないだけでなく、怒りっぽくなったり、食べ物の呑《の》みこみが難しくなったりすることが多くて困っているのです。

脳血管障害で片方の手足がマヒしたのを治すのは医療の仕事でした。でもその後の、マヒした手足で自分らしく生きていくことを応援するのが介護という仕事です。

認知症の人たちは、ここがどこで、今がいつかわからなくなっています。これは、「見当識《けんとうしき》障害」と呼ばれています。ついさっきのことをもう忘れてしまいます。これは「記憶障害」です。

医療はこれらを治そうと考えて、原因と思われる脳を薬でコントロールしようとするのですが、残念ながらこれだけ科学が発達したいまでも効果のある薬はありません。

介護の仕事は、手足のマヒのときと同じように、治すことではありません。「見当識障害」や「記憶障害」がありながら、その人らしく暮らしていくこと、生きていくことを支えることです。

治そうとすると、もっと科学が進歩するのを待つより他ないのが現状です。でも暮らしていくことなら、いまここからできます。

でもそもそも、科学に期待している人たちは、認知症になったらもう人生は終わりだと思っているようです。でもそれは大変な間違いです。だって私はこれまでの四〇年以上の介護経験で、深い認知症がありながら、ちゃんと落ち着いて暮らしている人を何百人も見てきたんですから。さらに、いつも人に気を遣って笑顔を見せて、周りから尊敬されている人もいっぱいいいました。

そう言うと、介護経験のない人はみんなびっくりします。認知症というのは悲惨で、その介護というのは地獄のようなものだと思っている人が多いからです。

**「歳《とし》いくつになったの?」**

じゃあその何百人もの、落ち着いていて何の問題もない老人の一人を紹介します。

吉郎《よしろう》さん(八一歳、仮名)は、私が勤めていた特養ホームに入所していました。「見当識障害」も「記憶障害」も相当なもので、二男《じなん》さんが孫の男の子を連れて訪ねてくると、ほんとに嬉《うれ》しそうな笑顔を見せましたが、誰なのかははっきりわかってないようでした。

そして訪問が終わって一五分くらい後に職員が「今日はお孫さん来てよかったね」と声をかけると「えっ来たか?」というくらいの物忘れでした。

ある日、私の上司の主任生活指導員が、会話の中で「吉郎さんは歳いくつになったの?」と尋ねました。すると吉郎さん「うーん、ナンボになるかのお」としばらく考えました。そしてこう言うんです。「あんた、どうしても知りたけりゃ、役場へ行って聞いてみてくれ」。

私は感心しましたね。あっ、彼は、自分が歳もわからなくなっているということをちゃんと認識しているんだと。そしてここからです。そんな自分を隠そうとしません。そして、自分はよくわからないから、わかっている人に聞いてくれ、と言うんですよ。すごいじゃないですか。

考えてみると私たちはみんなこうして生きてきました。私には法律の詳しいことはわかりませんし興味もありませんが、もしそれが必要な状態になれば弁護士のところに行って相談すればいいんです。

物理学のこともサッパリですが、必要があればやはり物理学者に教えてもらえばいいんですね。

だから、歳をとって認知症になり、朝ご飯を食べたかどうかがわからなくなったら、周りの若い人、例えば同居している長男の嫁さんに聞けばいいんです。

「朝ご飯食べたかね?」と。「食べたでしょ、三膳も」と嫁さんに言われて「あ、そうか」となれば、それは問題はありません。

しかしなかなかそうはならないんです。まず、周りの人に聞けないんです。それは、自分がそんなこともわからなくなっていることを周りに悟られたくないからです。

もし聞いたとしても問題があります。その嫁さんの言うことを信じられるかどうかです。「この嫁は食べさせてないのに食べたと嘘《うそ》をついているのではないか」と考えてしまうと、ここで問題が起こります。「うちの嫁は飯も食べさせない」と親戚や近所にふれ回ったりするんです。

でも吉郎さんのように、わからない自分を恥ずかしいとは思わないで、ちゃんと回りの人に聞いて、それを「あ、そうか」と受け取れるなら問題は起こらないんです。

これは、認知症の問題というよりも、周りの若い人を、例えば嫁さんですが、信じら

# 役場へ行って聞いてみてくれ

れるかどうかという問題ですよね。

## 「自分」を「自分だ」と思える世界を

私は少し前に「深い認知症」という言い方をしました。ふつうは「重い認知症」と表現しますよね。病気ならそうです。でも私は、病気というだけでは説明できないものが認知症だと思っています。むしろ、人間の最も基本のところに回帰していくことじゃないのかと感じています。だから、「重い」じゃなくて「深い」なんです。

認知症を病気と捉えて治そうとする立場からは、興味があるのは認知症の人の脳です。でも、暮らしていこうとする立場の私たちが興味を持つのは脳ではなくて、その脳が作りあげている世界です。

つまり「見当識障害」を、あってはならない異常として見るのではなくて、「見当識障害」の中身に興味があるのです。「見当識障害」というよりも「見当識変化」として見ていきます。

というのも、認知症の人たちは、ここがどこで、いまがいつかサッパリわからないから、適当な空間や時間に移っているわけではないんです。見当識の変化のしかたには法則性があるんです。

認知症の男性はよく「会社に行かなきゃ」と言って、施設や家から出ていこうとします。まだ若くて現役で働いていて、家族を養うために大変だったけど頑張っていた頃に、見当識が「変化」しているのです。

女性は「家に帰らなきゃ」と言って、やはり施設や、いま住んでいる家から出ていこうとします。何しに家に帰るのか尋ねてみると、「子どもが待っているから」と答える人が多いですね。やはり、自分の子どもがまだ小さかった頃に、見当識が「変化」しているのです。

面白いことに、男性にとっては家は出ていくところで、女性にとっては帰るべきところのようです。

でも共通しているのは「大変だったけどやりがいがあって頑張っていた」頃に「変化」していることです。どうやら、人生の中で、最も自分らしかった頃へと変化しているらしいのです。

そこで私は考えます。なぜだろう。老人たちは、今の自分が自分であると感じられないのではないだろうか。歳をとり、その歳さえよくわからず人の介助がなければ暮らせなくなっている自分が自分だとはとても思えない。そこで、一生の中で自分にとって最も自分らしかった時代へと「変化」することで、自己確認をしているのではないか、と。

そうだとすると、「見当識障害」とはこういう叫びのことだ。

「自分がとても自分だとは思えないよ。歳をとって物忘れもして、施設に入って人の世話を受けてるけど、自分が紛れもなく自分だと思えるような『いま、ここ』を作ってくれ」という。

**共犯者（？）になる介護職**

女性は「家に帰る」と訴えて出ていこうとします。特養ホームにいた頃には、施設に入所する前に住んでいた家のことだろうと考えていました。

でも、在宅の認知症老人に関わりはじめると、家にいる人もやはり「家へ帰ります」と言って出ていくのです。

いま、ここ

「ははあ、女の人だから、結婚する前の実家に帰ると言ってるんじゃないか」と考えていました。ところが、それも違うみたいです。

孫嫁に介護されていた九〇歳の女性は、ある日「家《うち》に帰らせてもらう」と言って荷物をまとめて外に行こうとします。しかし彼女はこの家で生まれて育って、養子をもらって、この家から出ていったことのない人でした。

「おばあちゃんの家はここでしょう。ここで生まれたんでしょう」と孫嫁が言っても「ここはワシの家じゃあない」と言い張って聞く耳を持ちません。

どうやら、帰らなければいけない「家」とは、実体のことではないみたいです。自分がいるべき場所、いてもいい場所のことが、「家」と表現されているみたいです。

だから、特養ホームにいる女性ですが、ここが「家」でないことはわかっているのですが、仕事で泊まり込んでいると思い込んでいて、ちゃんと落ち着いている人がいました。

宿直の夜でした。その日は手が離せない人がいて、私も夜勤の介護職二人に加わって仕事を手伝っていました。やっとみんな寝静まって、ヤレヤレと思っている頃、廊下の右はしから、眠れないお婆《ばあ》さんが手すりを伝ってやってきます。

どうやって説得して部屋のベッドに戻ってもらおうかと考えていると、こういうのは不思議なことにシンクロしていることが多くて、左はしの部屋からもお婆さんが歩行器を押して出てきます。

この二人がスタッフルームの前で出会うとそこで奇妙な会話が成立します。話はほとんどかみ合っていないのですが、互いに夜眠れない同士で意気投合しているのです。

その話し声を聞いてやはり眠れないお婆さんが出てくると、もう説得はあきらめなくてはいけません。

この三人めのお婆さん、もうここに入所して三年以上になるのですが、家に帰らなきゃいけないんだけど、仕事でやむなくここに泊まり込んでいると思っているのです。

「さあ、みんな、明日も頑張ろうね。朝は早いんだからもう寝なきゃ」なんて二人に言っています。そう言われた二人は、なぜか納得してそれぞれの部屋に帰っていくのです。

私なんかが説得するよりよほどいいですよね。

それにしてもこのお婆さん、仕事で泊まり込んでいると思い込むことで、施設にいる自分を自分に納得させているのかもしれませんね。だとしたら、ちょっと切ない気持ちがして、その「見当識障害」を正そうなんてしないで、むしろ、大切にしてあげるべきだと思えてきます。

こうして介護職は、認知症老人と共犯関係（？）に入っていくのです。

**「ちょっと、ロシアまで」**

Nさん（八〇歳、男性）は、ときどき、夕方になると施設から出て行こうとする人でした。でも昔の男性は、外出しようとするときには、必ず帽子を被《かぶ》るんです。Nさんも大きな山高帽を被ってから出ていくものですから、事前にわかるんです。

帽子だけじゃなくて、出ていくときには、なぜか理由はわからずじまいでしたが、腰のベルトにタオルを一〇本くらいぶらさげるのです。洋タオル、和タオル、ひももありました。

寮母の一人が声をかけました。「Nさん、どこに行くの？」

するとNさんはこう答えました。「ちょっと、ロシアへ行ってくる」。

これが「Nさんロシア事件」と言われて、うちの施設で語り継がれることになります。その寮母はびっくりしました。まだ「認知症」というコトバもありませんし、認知症に関する本も、研修会もなかった時代です。

「ロシアへ歩いていく気？　ここは日本よ、ほら、あそこに見えるのが宮島《みやじま》でしょ」と、ここはどこで今はいつかという「見当識」を教えようとします。でもそれは逆効果。Nさんの「行かなきゃいけない」という気持ちを強めるばかりです。

でも「ロシアへ行く」というのを、じゃあ、行ってらっしゃい、と言うわけにはいきません。結局私たちは、「もうすぐご飯だから食べてからにしよう」とか、食事が終わった後なら「オヤツがあるから部屋に帰りましょう」なんていう、食べ物で釣る（！）というやり方くらいしか思いつかないんです。

でもこうした「食い気」とか「色気」を使うという方法は、バカにはできないんですね。これ、人間の基本的な欲求ですから、成功率は高いですね。

でもそれでもイヤイヤだったりします。「老人が嫌がることはしない」というのが、介護の大原則ですから、どうすれば本人が嫌がらずに「ロシア」をあきらめてくれるか、なかなかいい方法が見つかりません。

## 上手《うま》い介護は「その場しのぎ」

ある日のことです。Nさんは朝から落ち着きません。朝ご飯もあまり食べませんし、部屋に帰っても、棚の物を出したり入れたりしています。こんな日は施設から出て行くことが多いのです。

案の定、この日も施設から出ていこうとしました。でもいつもの夕方ではなくて、昼食が終わった後でした。ちょうど寮母さんたちが弁当を食べている時間帯なので、早めにお昼をすませた私と上司のWが廊下を見回っているときでした。

やはり、タオルを一〇本くらいベルトにぶらさげて、大きな帽子をかぶって施設から出ていこうとするところです。Wが声をかけました。「Nさん、どこへ行くの？」。するとNさんが答えました。「ちょっと、ロシアへ行ってくる」。

この後の反応がさすがに学校で勉強してきたWさんだけあります。バイステックという人が書いた『ケースワークの原則』(誠信書房)という有名な本の中に、「ケースワークの七原則」というのが書かれています。

そのうちの一つが「受容の原則」です。これは、クライアント（依頼人の意味です）がどんな訴えをしようと、それを否定してはいけない、さらに肯定もするな、というものです。

ではどうするのかというと、相手の言ったことを繰り返してあげるのがいいというのです。これはクライアントとの関係が壊れないための経験的に得たテクニックだと彼は書いています。

彼女はこれを大学で学んできました。ですからこのときも、Nさんの言うことに対してこう答えました。

「へーえ、ロシアへ行くの。ああそう」と。肯定も否定もしないで、相手の言うことを繰り返してあげる。原則通りです。でも彼女はこの後もすごい。認知症ケアの名人なんですね。

どんな人が認知症ケアが上手いか。答えを知っている人ではありません。認知症ケアに答えはないんです。だって一〇〇人の認知症の人をケアしても、一〇一人目は違うんですね。同じ人でも今朝と午後では違うし。マニュアルが通用しないんです。じゃどんな人がケアが上手いのか。それは「その場しのぎ」が上手い人なんです。さらに「時間稼ぎ」が上手い人。

彼女はどちらも名人でした。続けてこう尋ねるんですね。「それで、Nさん、ロシアってどこにあるんね」と。

するとNさんは「あっちの方だ」と、施設の北側にある山の向こうを指さします。方角はロシアのウラジオストックの方だったそうですが。

ここで時間稼ぎです。「じゃ、私が行って様子を見てくるからここで待っててくれる」と言って相談室に戻り、どうしたものかと考えたそうです。でも考えたっていい方法は考えつきませんし、大学でもこんなことは教えてもらっていません。

いなくなってはもっと困りますから、すぐ出ていって苦し紛れにこう言いました。

「あのね、いま行ってみたら、ロシアは今日留守だったよ」。

すると意外なことにNさんは「留守か、それじゃあしょうがないの」と言って、自分の部屋に帰ったのです。

# ちょっと
# ロシアまで

彼女はすぐに寮母室まで走ってやってきて、「うまくいった、うまくいった」と報告していました。自分でも驚いていましたね。

現場の方法論はこんなふうに生まれるんです。何かの理論に基づいて意識的に関わってうまくいくなんてことはマレで、やむなく苦し紛れにやったらうまくいくことのほうが多いんです。

で、現場は、一度うまくいくと、何度でも同じやり方をするんです。じつは次の日にまたNさんが、例の格好で出ていこうとしました。またWさんが対応しています。昨日と全く同じ会話をし、同じようにちゃんと部屋に帰るじゃありませんか。

なぜまた同じやり方が有効なのか。記憶障害のおかげです。認知症老人は、昔のことはよく憶《おぼ》えているんです。でも最近のことはすぐ忘れてしまいます。昔のことを長期記憶、最近のことを短期記憶といいます。

認知症では長期記憶には問題はないことが多いのですが、短期記憶は苦手です。昨日のことなのに、一晩寝ると全て忘れているんですね。

だから介護する側も新しいやり方を考えなくていいんです。だから同じことを繰り返すんです。だって本人にとってはいつでも新鮮なんですから。私たちは認知症の人の記憶障害にずいぶん助けられているんです。

## 質問！　ケースワークって何だろう？

私が勤めた特別養護老人ホームで、私の直接の上司になったのが、Ｗさんという年上の女性でした。大学でケースワークを勉強してきた人です。

ケースワークとは、社会福祉の援助技術の一つで、個別援助技術と訳されています。困っている人（クライアント）との面接を通して問題を明らかにし、解決をめざす活動です。

介護保険制度では、ケアマネージャーによるケアマネジメントが日本中で展開されています。でもその多くは、要介護老人を、限られた社会資源に振り分けていくという、コンピューターでもできるものになっています。

上司のＷさんのケースワークはそれとは大きく違っていました。まず面接を大事にします。ちゃんと自分の本音を伝え、相手も本音を語ります。たいていの場合、彼女は老人の語る人生にもらい泣きをしていました。

ケースワークの大事な点は、本人が問題を自らの力で解決するよう、側面から援助することです。しかし、老いと認知症のある老人にはなかなかそんな力は残っていません。しかも、問題解決のための制度は貧弱で、いつも、次善、次々善、そして最悪だけは回避する策しか選べないのです。

でも、自分のことをわかってくれていると感じている老人は、たとえ彼女が一方的に決めた、やむを得ない策であろうと、信頼してそれに同意し任せるのでした。

Ｗさんから私が学んだケースワーカーに大切な資質。常識があること、そして常識にとらわれないこと。なにより困っている人に共感できること。ケアマネージャーにこそそれが求められていると思います。

# 第七章　時間よ　止まれ

## 「その場しのぎ」はいいかげん？

前章で「ロシアに行ってくる」と訴えるNさんに対して、その場をいかにしのげるか、そして、時間稼ぎができるか、それが認知症ケアの上手《うま》い人だと書きました。

時間を稼いでいるうちに、私の上司のように苦し紛れながら対応して、結果的にうまくいくこともあります。さらに、何かをきっかけにして、本人の機嫌が急に良くなることもあるんです。

「認知症は治らないが機嫌は直る」というのは柳本文貴《やぎもとふみたか》さん（NPO法人グレースケア機構代表）が、その著書『認知症「ゆる介護」のすすめ』（メディカ出版）で提案している介護の名言です。

それを見習って私も作りました。

「機嫌のいい認知症のほうが、機嫌の悪い上司よりつき合いやすい」

ところが、「その場しのぎとか時間稼ぎなんて場あたり的やり方ではなくて、もっと医学的根拠に基づいた専門的なやり方をすべきだ」なんて批判してくる人がいるんです。

でも私たちは、何かの根拠に基づいて関わっている訳ではありません。なにしろ、認知症介護も、老人介護さえも、全く新しい仕事だったのですから、どこにも根拠を持った方法論なんてなかったんです。

でも目の前に介護が必要な老人たちがいるのですから、とにかく自分で考えてやってみなくてはいけません。もちろん、うまくいったり、いかなかったりです。

でも、うまくいったやり方を、なんでうまくいったのか、と、その根拠は後から考えるんですね。そして、研究会で発表したりして、それが認められて学会で紹介され、介護の教科書に残るまでには一〇年以上かかってしまうんです。

だから、根拠に基づいて介護をしようとすると一〇年遅れの介護になりかねません。せっかく最先端の現場が、介護法も根拠も生み出しているというのに、そこを離れて、根拠のしっかりした方法に限ってしまうのでは、介護はどんどん貧しくなっていくでしょう。

果たして、私たちが現場で有効だと実感している、「その場しのぎ」や「時間稼ぎ」というやり方は、根拠のない、いいかげんなものなのでしょうか。

**靴を履いたら「お帰りなさい」**

「認知症の人を支える家族の会」に呼んでいただくことがあります。そこで発表されていた介護家族の体験報告に感心したことがあります。

介護職は、先輩の認知症ケアの方法を見て、多くの老人に関わりながら、少しずつコツをつかんでいきます。でも家族には、介護の現場には先輩はいませんし、関われるのは一人だけです。しかも自分の親や、配偶者の親ですから、それまでの人間関係も複雑に影響したりして、なかなか難しいんです。

でも、実のお父さんをケアしてこられた女性の報告は見事なものでした。市役所を定年で退職した後、奥さんが癌《がん》で亡くなったのをきっかけに認知症の症状が出始めました。

配偶者との死別は、認知症になるきっかけのひとつです。奥さんが亡くなられて一人暮らしになった男性の家に、そろそろ落ち着かれたかなと思う頃、保健師さんと一緒に訪問してみると、あっ来るのが遅かったと思うことが何回かありました。

玄関に現れた男性は、ヒゲが伸び放題で、家の中はゴミだらけだったりするのです。逆に、夫に先立たれた女性の家を訪ねてみると、家の中はきれいで、本人が若返っていることが多いんです。どうやら、配偶者の死は、男性にとっては大きなストレスですが、女性にとっては配偶者が生きていることがストレスのようです。

さて、この娘さんは、思い切ってお父さんとの同居を決意します。独身で、いわゆる、キャリアウーマンでしたが、会社を辞め、いまでは父親が一人暮らしをしている自分が育った家を事務所にして自営業に転じるのです。

幸い、彼女の仕事は自宅でもできるものでしたので、デイサービスやショートステイを最大限活用して、仕事とお父さんの介護を両立させてきたのです。

そのお父さんが九〇歳を過ぎた頃でした。夜中にゴソゴソする物音で目を覚ますと、お父さんが、なにやら着替えをしているようすです。

「夜中にどうしたんですか?」と尋ねると、「役場で大事な会議がある。みんな集まっていて私が行かないと始まらないんだ」と言うんです。

　彼女は「いま真夜中ですよ、会議がある訳ないでしょ」とか「定年になって何年ですか」と、説得に入りました。でも逆効果です。前章の、「ロシアへ行く」と言い張るNさんと同じですね。

　彼女が立派なのはここからです。説得をきっぱり止《や》めて、むしろ、お父さんの「見当識変化」の世界に入ってしまうんです。

「そりゃ大変ですね。夜遅いのにご苦労さまです」。そして、やはり、時間稼ぎに入るんです。

「役場に行くのならネクタイをしていかなきゃ」と、何年も着けたことのないネクタイを、わざと時間をかけて結びます。しかも「ちょっと派手すぎませんか」と、やり直したりもします。

　ようやくネクタイを着けると玄関へ行き、靴をとり出してこう言います。「すいません、靴を磨くのを忘れてました。こんな靴じゃ役場へ行けませんから」と、これまた時間をかけて靴磨きをするんです。

そして、ようやくお父さんが靴をはいた途端、声をかけるんです。

「お帰りなさい」

すると、お父さんは、サッと靴を脱いで寝室に行き、ネクタイを外し服を脱いで寝たというんです。

**老人は「デジタル」**

認知症の人の時間感覚はどのようなものなんでしょう。どうやら、瞬間瞬間を生きているようです。私は「デジタル人間」と呼ぶことにしました。

私たちの時間感覚はどうでしょう。時代はどんどんデジタル化していますが、時間だけはアナログです。つまり、過去、現在、未来という流れの中にいると感じられています。この時間感覚を共有しているから、私たちは話が通じるんです。論理が通じるんです。

「今日は早く寝なくちゃいけない。明日は早出で、三日前には夜更かしして朝起きられなくてみんなに迷惑かけたから」というのは、過去の経験をもとに、明日という未来の

07:00
23:45
AM
12:58
16:45
3 7 6

ために、今の自分はどうすべきか、と考えて決断しているんですね。

ところが、認知症老人は、この、過去、現在、未来という時間の流れを止めてしまったみたいです。だから、過去と現在は区別がなくなってしまって、役場に勤めていた時代にワープできるんですね。

時間の流れを共有していないのですから、認知症老人を説得するのは無理です。よく、一生懸命に説得を試みている介護職や家族がいますが、そっちのほうが見当識障害ですよね。

説得は無効だけど、何が有効でしょうか。「お帰りなさい」と声をかけたら、いま帰ってきたんだと思って部屋に帰る、この方法に私は「場面転換」という名をつけました。でもやはりまじめな介護職がいて「それって、認知症老人をダマすことじゃないですか」なんて言うんですよ。ダマすんじゃないですよね。だって、「役場へ行く」と言い張ってるんだけど、そのうち自分でも「あれ、ちょっと違うな」と思い始めるんですね。

そんなときに、タイミングよく「お帰りなさい」と言うと、まるで助け舟を出してもらったみたいにサッサと部屋に帰るんですね。

だからこれはダマしてるんじゃなくて、ホントのニーズを引き出してると言うべきだと思います。

じつはこれ、認知症老人だけじゃなくて、子どもにも使えるんです。我が家には男の子が二人いました。小さい頃、「あれ買ってくれ」なんて泣きやまないことがありました。そんなときに、「すぐ壊れてしまうから」とか「我が家の家計の状況は」なんて説得したって無駄ですよね。

でも、上を指さして「あっ、飛行機！」というと、泣き止んで探すんです。「ああ、行っちゃった」。これでオーケー。子どものほうも、自分で機嫌を直すきっかけを求めてるんですね。ま、男の子は単純なのかもしれません。女の子だとこうはいかないかも。

## 止まった時のなかで生きる

医学の世界では認知症を「脳の病気」と定義しています。近代科学である医学は、現象には必ず原因があるという、因果論の世界ですから、原因と思われる脳に興味を示すのです。治そうという立場からは当然です。

でも、いっしょに生活していこうという介護の立場からは、脳を分析しても介護の方法はわかりません。せいぜい、脳のどの部分が変容しているかでどんな機能が低下しているかを推定できる程度で、それなら脳を見なくても、いっしょに生活していればもっと詳しくわかります。

私の認知症の定義は「老化に伴う人間的変化」というものです。原因が何かはひとまず置いておいて、脳が作る世界で起こっていることを現象として見るのです。医学的定義に対して、現象学的定義とでも言うんでしょうか。

この定義は、私が考えたものではありません。ある日、新聞にあった表現です。さる高貴な方が認知症になりました。もっとも当時は認知症というコトバはありません。でも、ボケとか痴呆《ちほう》とかは恐れ多くて使えません。そこで「老化に伴う人間的変化のため公務を欠席された」と表現したのです。

これ、新聞記者が苦し紛れに考え出したんでしょうね。でも私は、これこそ認知症の人に起こっていることだと思いました。

最大のポイントは「人間的」です。認知症の症状は人間だけに特有なものです。動物にももちろん老化はあります。でも、人間のように混乱して徘徊《はいかい》したり、暴力を振るったりして本人も困り、周りも困らせるなんてことはありません。

## ネコと人の決定的違い

その根拠としてうちのシロを取りあげます。シロといっても猫です。おとなしいオス猫でした。生年がはっきりしないのですが、少なくとも一九年は生きていました。ネコの齢《よわい》を人間に換算する計算式があって、それで計算してみると、一〇〇歳を越えていたことになります。

老化現象が出ました。皿に入った水は飲みたがらない猫なんです。水道の蛇口から出る水を直接飲むんです。でも、洗面台に飛び乗れなくなったんです。そこで水が欲しいと、私のところで、ニャーと鳴いて、私の一部介助で水を飲んでいました。

ゆっくり飲むんで私は待っていられないんです。洗面台から降りるのはできたんですが、水道の栓を止めないんですね。これも一部介助。ま、これは若い頃からずっとそうですが。

いわば、「要介護ネコ」です。「要介護老人」と「要介護ネコ」とには決定的な違いがあるんです。それは何か。

「ネコはひがまない」ということです。「若い頃は一人で洗面台に飛び乗れたのに、今は飼い主の手を借りなくてはいけない。ああ情けない」とは思わないんです。「プライドが傷つく」と落ち込むなんてこともありません。

意識を持っているのは人間だけ、と言うと、いや意識を持つ動物もいると反論があるそうですが、時間意識を持っているのは人間だけのようです。

過去の自分と今の自分を比べて、自信を失う、アイデンティティの危機に至るのは、たしかに人間だからこそです。

イヌやネコは、「いま、ここ」で生きています。過去はありませんし、もちろん、未来もありません。余談ですが、私の好きな詩人、長田弘《おさだひろし》さんのエッセイ集に『ねこに未来はない』（角川文庫）というのがあったなあ。

ですから「ここの飼い主は、いまはこうして介助してくれてるけど、もっと高齢になっても最後まで面倒みてくれるんだろうか」とは思いません。

「それを考えると心配で夜も眠れない」こともなさそうです。「ちょっとナースコールをじゃんじゃん鳴らして試してみようか」なんてこともしません。

介助してもらうことに後ろめたさを感じて、卑屈になることもありません。その反動で傲慢になることもしません。お腹が空《す》けば遠慮なくエサを要求しますし、水が欲しければ介助を要求します。

どうでしょう。認知症老人をめぐる混乱のほとんどは、ここで起こっていると言えないでしょうか。

過去の自分と比べて傷つく、プライドを失う、将来を考えて絶望して、卑屈になって引きこもったり、傲慢になって暴言を吐いたり、周りを振り回してみたりするんです。

そして、認知症の人たちは、時間の流れを止めたんじゃないでしょうか。「時間よ、止まれ!」と聞くと、矢沢永吉《やざわえいきち》の歌を思い浮かべる人がいるかもしれません。でも私は、小さい頃に見たNHKのテレビ番組を思い出します。太田博之《おおたひろゆき》という人気子役が主人公の「ふしぎな少年」という連続ドラマでした。

主人公が「時間よ、止まれ!」と言うと、周りの俳優さんたちはピタッと静止して、主人公だけが動けるという設定でした。

　これは物理的に時間を止めてしまうというものですが、認知症老人は心理的に時間を止めたんだと思います。

　時間を止めれば、過去もありませんから、今の自分が自立していないからといってプライドが傷つくことはありません。未来もないので不安も絶望もないことになります。じゃあ、イヌやネコのように、「いま、ここ」だけで生きていくとなるかというと、そうはいかないんです。過去が記憶として残っているからです。

　認知症老人の中核症状には「見当識障害」と共に必ず「記憶障害」が挙げられます。でも忘れているのは、自分が老いてきてからの最近の記憶で、昔の自立していた頃のことはよく憶《おぼ》えているんです。一五分前の家族の面会は忘れていても、息子が赤ちゃんだった頃のことは鮮明だったりします。

　なんだか、濃密な過去が、空白の現在に、まるで浸透圧のように入り込んでいるようです。そこで、過去の印象深かった時間と空間が「いま、ここ」であるかのように現れてくるのでしょう。

## 見るのは指か、月か

では、前の章で話した「ロシアに行ってくる」というNさんにとっても、「ロシア」とは、人生の中で印象深かった時間と空間のことを指しているはずです。

私の上司のWさんは好奇心の旺盛な人でした。ですから、Nさんが「ロシア」と言い始めるや、「ロシアとは何か」が気になってしかたありません。

なにかと理由をつけてNさんを相談室に呼んで、昔話をするように水を向けるのですが、昔のことはほとんど忘れていて、少なくともコトバにはできないようでした。

外交官や貿易の仕事でロシアに行っていたという生活歴もありません。家族に聞いてみようと思っても、広島の原爆でみんな亡くなっていて、Nさんは戦後一人きりで生きてきたんです。

ここで情報が途絶えました。でもある日彼女は突然「あっ、身元引受人は誰だったかねえ」と言ったかと思うとNさんの書類ファイルを開き、身元引受人の欄を見つけました。

そこには、Nさんの甥《おい》の名前がありました。記憶する限り、一度も施設に来られたことはありません。そこに記入された勤め先の会社の電話番号に早速彼女は電話します。大きな会社の、しかも偉い人らしく、秘書を通してやっと電話がつながりました。いつもはざっくばらんなWさんが、柄にもなく緊張してこう尋ねました。

「叔父《おじ》さんがときどき『ロシアへ行く』と言い張られるんですが、何か思いあたることはありませんでしょうか。わかりませんよねえ」と、遠慮がちでした。

するとと「ああ、ああ、わかります」と言うじゃあないですか。

彼女は勇んで「えっ、ロシアにいらしたことがあるんですか?」と聞きました。すると甥子さんは「いや、ロシアにはいませんでした。でも、満州に居たことがありまして」と言うんです。

満州といっても、若い人にとってはピンとこないでしょう。現在の中国の東北部のことです。満州国という日本の傀儡《かいらい》政権があって、敗戦のときに大きな悲劇がありました。一つは残留孤児の問題、もうひとつはシベリア抑留です。興味のある人は調べてみてください。戦争がどんな悲劇を作り出すかがよくわかります。でもこれは、侵略した日本の側の悲劇です。侵略された側はそれとは比べものにならない悲劇がありました。電話での話によると、Nさんは満州の中心都市で始めた商売が繁盛して、家族といっしょに人生で一番いい一〇年間を過ごしたんだそうです。

「その町に『白系ロシア人』がいっぱいいたんだそうです」

「満州」に続いて「白系ロシア人」にも説明がいるでしょう。ロシア革命が起こったときに亡命してきた、貴族を中心とした上品で金持ちのロシア人集団のことです。革命を起こした側が「赤」なので、こちらは「白」なんです。

「ロシア娘にモテたという話を、散々聞かされましたんで、『ロシア』というのは、あの一番良かった時代の象徴ではないでしょうか」

そうか、象徴か。私たちはロシアは実体だと思い込んでいて「歩いては無理」とか「寒いよ」なんて対応をしていたなあ。

「愚か者は月をさすと指を見る」という中国の古い格言を思い出しましたね。

「きれいな月だね」と指でさすと、「なんだ汚い指じゃないか」っていう愚か者は私たちだったんじゃないでしょうか。

## 質問！　高齢者のコトバがわからない

認知症の老人は、昨日や今日のことはすぐ忘れるのに、昔のことは覚えています。いや認知症の人だけでなく、老人はみんなそうです。昔話を何度も聞かされるので困っている家族は多いですよね。

でも介護現場なら大丈夫。スタッフやボランティアが交代で聞いてあげればいいんです。

もっといいのは老人同士。

「あなた何年生まれなの？」

「昭和２年」

「まあ、あなたも昭和２年、私もなんですのよ」

これ、デイサービスセンターで毎朝交わされている会話です。毎回初めて聞く話なんですね。いつでも新鮮。

共感して昔話を聞いてあげるには、老人の世代に使われてきたコトバの意味を知っておかねばなりません。

第７章にも、「満州」や「白系ロシア人」なんてコトバが出てきました。

私が監修者の一人である『実用介護事典』には、こうした、いまでは死語になりつつあるコトバをいっぱい収録しました。一例を引用します。

「灯火管制［とうかかんせい］第２次世界大戦の末期、アメリカ軍による夜間の空襲の際、目標になるからと電灯を使うことが禁止された。これを灯火管制とよんだ。高齢者が急な停電で不穏になることがあるが、空襲のＰＴＳＤ（心的外傷後ストレス障害）の可能性がある」。

そうか、そう言えば宿直の夜、停電になった途端、廊下に出てきた入所者の男性が「Ｂ29が来るー」と大声を出したことがあった。えっ、Ｂ29がわからない？　それもちゃんと載せてます。

## 第八章　問題児？　問題老人？　問題行動？

### 認知症老人の訴えたいこと

認知症のケアには決まった答えがあるわけではありません。これは他の領域の介護との大きな違いです。

例えば私のようなＰＴ（理学療法士）の専門分野と関係する脳卒中片マヒ者のケアであれば、同じレベルの手足のマヒの人を知っていれば見当がつきますし、マニュアル化もできるでしょう。

でも認知症の人は、一〇〇人ケアしてきても一〇一人めは全く違うんです。さらにその一〇一人めの人も昼と夜で違うんです。さらに、たった五分前と今で違ったりします。だから決まったやり方なんかないんです。

それは、前章で述べてきたように、じつは認知症の人の時間意識の特殊性にあるのでした。彼らは、時間の流れを止めて、瞬間瞬間に生きているんでしたね。

だから私たちも、過去、現在、未来という時間の流れを共有した論理的世界から離れて、認知症の人たちの、瞬間瞬間というデジタル型に合わせる必要があるんです。

つまり、「その場しのぎ」や「時間稼ぎ」は、根拠のない専門家にあるまじきやり方ではなくて、ちゃんと認知症の人たちの特性に合わせたやり方であることがわかります。

「家に帰らにゃいかん」と余裕のない表情で訴えるお婆《ばあ》さんに「あ、そう。じゃあいっしょに行こうか」と手をつないで廊下を歩いていると、他のお婆さんが冷やかしてくれるんですね。

するとだんだん表情に余裕が出てきて、そのうちニコニコしてくるんです。しばらく歩いて部屋の前で「じゃまた散歩しようね」と言うとベッドに帰るんです。

入所したばかりのお爺《じい》さんに、初対面でいきなり「出たな、この泥棒野郎」と言われたことがあります。他の職員が声をかけて気を引いてるうちに、私は視野から離れたんですが、五分後に私が近づくと「やあ」なんて機嫌がよくなってるなんてこともありました。

こんなとき、「もう家には帰れないんだから」とか「私は泥棒じゃありません。職員の三好です」なんて対応していたらどうなるでしょうか。こうした、正しいことを教えようとすることを、リアリティ・オリエンテーションなんて言います。

こちらは、本人の言ってるコトバを訂正しようとしているのですが、本人はそのコトバをとおして、切迫感を訴えようとしているのですから、それを否定されたと感じてしまいます。むしろ、話している内容に合わせてあげながら、ほんとに訴えたいことは何だろうと考えるのがいい対応でしょうね。

もちろん、真意はほとんどわからずじまいです。でも、そういう対応をしてくれたというだけで認知症老人は満足してくれるみたいです。ほんとに訴えたいことは、私はいま、ここの私でいいのか、ということなのかなあ。

**×問題老人　○問題介護**

学校の先生や養護施設の職員のあいだで「問題児」というコトバが使われていました。学習意欲のない子、反抗的な子なんかにつけられていたレッテルです。

でも「問題児」という言いかたはやめよう、という声が起こります。それどころか

「問題児は宝である」なんて言い出す人も現れました。

どういうことでしょう。じつは子どもはみんな「問題」を抱えている。それが、最も弱い立場にいて、繊細な子に表面化して「問題児」になっているのではないか。だから「問題児」というふうに、その子個人の問題にして排除したりするのではなく、ちゃんと向き合うことで、他の子が抱えている問題も解決していけるはずだ、というのです。いい考え方ですよね。

そうなると介護分野ではどうでしょう。「問題老人」という言い方をいまだにしていないかと反省しなければなりません。

じつは「問題老人」に代わる表現がありました。第三章の「介護困難老人」というのがそれです。これじゃ、言い換えただけという感じがしますが、でもこの言い方だと、介護する私たちの側の力量に問題があるのかもしれないという視点が少しはあるので、「問題老人」というレッテル貼りよりはいいでしょう。でも、八〇年も九〇年も生きてきた人に「問題」が生じるのは、本人の問題じゃなくて、介護する側の問題があるからだと思いますね。そういう自虐的な意味を込めて、「問題老人」を「問題介護」と言い換えるのがいいと思います。

「問題行動」というのも、言い換えるべきだという声が起きていました。でもこれは「問題児」のときのような現場からの声ではなくて、アカデミズムの世界、特に医療関係者から出てきたものです。

「ＢＰＳＤ」と言いなさい、と言うんです。これはBehavioral and Psychological Symptoms of Dementiaの略で、「認知症に伴う（因る）行動・心理症状」と訳されています。

「問題」という捉え方が、介護する側の見方だから、もっと中立的な表現にすべきだということなのでしょう。しかし、だとしたら、「症状」という捉え方だって一方的見方じゃないかと思うんだけど。

私は「問題行動」のままでいいんじゃないかと思います。もちろん「問題介護によって生じた老人の行動」という意味でね。

言い換えに反対する理由は他にもあります。英語に詳しい友人によると、Dementia

という表現には問題があるそうです。日本語だと、「呆《ほう》け」や「痴呆《ちほう》」にあたる差別的ニュアンスがあるとのことです。

厚生労働省は、呆けや痴呆という表現はよくないというので「認知症」に言い換えさせました。でもこれ、なんか不自然な人造語だという気がいまだにして、なじめません。でも、Dementiaは英語だから、言い換えさせるわけにはいかなくて、そのまま、BPSDなんていう形で残っているのです。

こういう話、よくあるんです。差別用語はよくないと主張する人が、英語だと平気で使っているということが。

一例を挙げます。これも英語に詳しい友達からの情報ですが、「ハンディキャップ」というコトバを使いますよね。「社会的不利」と訳されています。でも、もともとのコトバの意味はかなり差別的です。Handicapというのは、手で帽子を持っていること、つまり物乞いのことだというんです。

それになにより、BPSDという表現には最大の問題点があります。それは、「of Dementia」とされるため、認知症老人の、いわゆる「問題行動」は全て認知症のせいだということになりかねません。

となると、認知症は脳の病気ですから、原因は脳にあるんだとなります。そうすると、介護職の私たちには手が出ません。化学物質（＝薬）の力でなんとかコントロールしようという発想になるしかありません。しかもこの薬が副作用ばかりで効かないんです。

私はむしろ、ＢＰＳＤのＤは、of Dementiaではなくて、Drug（薬）のＤなら当たっていると思うくらいです。ＢＰＳＤは「薬による行動・心理症状」と訳すと、現場の実感に合ってると思います。

従って私は、ここでも「ＢＰＳＤ」という言葉は使いません。「ＢＰＳ」つまり、「行動・心理症状」のみならまだいいとは思いますが、あえて「問題行動」という表現でいこうと思っています。もちろんこれは「問題介護によって生じた老人の行動」という意味です。

**問題行動の裏にあるのは**

「問題行動」といえばすぐに思い出す老人が何人かいます。何も問題がなかった人よりも、問題だらけで困った人のほうがより印象深く残っているんです。

そのうちの一人が藤田ヨシさんです。もちろん仮名ですが、ヨシはほんとの名前です。周りからは「ヨッさん」と呼ばれて親しまれていたそうですが、脳卒中になって、寝たきり、あっという間に認知症になりました。

当時は脳卒中になると医者が絶対安静にするようになんて指示していましたから、軽いマヒの人まで多くが寝たきりになってしまいました。藤田ヨシさんは手足ともに重いマヒでしたが、それでも今なら寝たきりになることはないはずで、座って食事をし、座って排泄《はいせつ》し、普通の風呂にも入れたはずです。

彼女が入園してきた日、ちょうど嘱託の医者が来る日で、看護婦さんと二人で初めての診察が始まりました。先生が「お名前は?」と聞きました。すると大声で「ヨシよー」。「お歳《とし》は?」「一八よ。ワッハッハ……」ほとんど検査不能でした。

こんな調子で昼間は明るいお婆さんでした。ただ、何かの拍子でエッチな話を始めると止まらなくなるんです。でもこれは「問題」というわけではありません。寮母の中にはいっしょになってエッチ話を盛り上げる人も何人かいるくらいでした。

でも、中学生と小学生のお孫さんが訪問に来ているときに、エッチな話をし始めるのには困りました。それは会議でも話題になりました。会議といっても、昼休みに寮母室で弁当を食べながら、ワイワイやるんです。

「なんとか孫の前であんなことを言わないようにできないかね」

「そうよねぇ、孫たちが気の毒でねぇ」

いい案が出ました。午後から孫の訪問があるときには、午前中に、エッチ話で盛り上がる寮母が相手をしていっぱいエッチなことをしゃべらせておこう。そうしたら午後には出ないんじゃないか。

そこで午前中、散々エッチ話をするんですが、午後、孫が訪問に来ると、ますまするんです。午前で勢いがついちゃった。やれやれ。

いい介護の現場って、どんな深刻な問題でもそれを楽しんでしまうんですね。深刻な問題にこっちまで深刻になったんじゃ、出口はないですよね。どうせなら笑っちゃおうという感じ。どっちにしても出口がないんならね。

実は問題は夜でした。寝ないんです。それでも一二時を回るとだいたい眠るんですが、

エッチな話
ばかりして…

二週間に一回くらい、朝まで寝ないで騒ぐんです。

一番多いのが歌を歌い続けるんです。「美《うるわ》しき天然」という歌が一番多かったですね。幻覚めいた訴えが続くこともありましたし、訳のわからないことを叫ぶこともありました。

### 原因は生活の中にある

「藤田ヨシさんの夜間の問題行動の原因を探そう」と言い出したのは看護婦さんでした。私は、問題行動の原因は認知症、認知症の原因は脳にあるはずだ、と思っていました。でも考えてみると、問題行動のある夜もあれば、全くない夜もあります。脳のせいなら、いつでも症状は同じなんじゃないか。だとすると、原因は脳だとしても、誘因やきっかけは、生活の中にあるかもしれない、と思いました。

看護婦さんが言います。「病院でもよくあったんだけど。夜落ちつかないのは、その日の昼間に何か刺激的なことがあって、それが尾を引いていることが多いのよね」。

そうか、当時私たちはそんなことも教えられていませんでした。それで、入園以来六ヶ月間の寮母日誌を点検することにしました。まず、夜、朝まで寝ないで騒いだ日に付箋をつけます。といっても今のような「ポスト・イット」なんて商品はありません。ご飯つぶをつぶしてくっつけるんです。

そしてその日の昼間に何か変わったこと、刺激的なことがなかったかチェックするのです。しかし昼間は明るいお婆さんで、特に問題はないのでほとんど記述はありません。「うーん、昼と夜との因果関係はよくわからないねぇ」、すると一人の寮母が「日曜日に夜勤に入ると問題行動が多いような気がする」なんて言い出します。

調べてみると、藤田ヨシさんはあてはまりませんでしたが、他の二人のお婆さんが、たしかに日曜日の夜になると徘徊《はいかい》することが多いことが判明しました。その理由はすぐにわかりました。日曜日には全員で離床して集まる「朝の会」もありませんし、レクリエーションも入浴もありません。そこでこの二人は昼間ベッドで寝ていることが多いんです。それで夜眠れないもんだから、徘徊するんですね。

じゃあ、睡眠剤を、なんて発想をしては困ります。この二人だけでいいので、日中に散歩に行くなど、心地よく疲れるくらいの運動をすればいいんですが、日曜日はスタッフの数も少ないので、ボランティアさんにお願いすることで問題は解決しました。

でも、藤田ヨシさんの原因はわからないままです。「やっぱり認知症だから脳のせいじゃないの。仕方ないのよ」なんて言い出した頃、寮母室にある、「チェック表」と問題行動との関連を調べてみました。

すると、相関関係が見えたのです。その「チェック表」とは、「排泄チェック表」。調べてみると、朝まで寝ないで騒ぐ日は、必ず便秘状態です。四日出てない、五日出てないという日なんです。便秘だからといって必ず問題行動が出てるわけではありませんが。

そうか、原因は脳じゃなかったんだ。もっと下の方だ。便秘だと、私たちでも違和感がある。下腹部が重いし、少し吐き気もして食欲がない、頭もスッキリしないし仕事の効率も悪い。でも原因がわかっているから落ち着いていられる。対策だって考えられる。

でも認知症の人は、体の中からの不快感ばかりがあって、その理由がわからない。不安だから眠れない、徘徊する、そして藤田ヨシさんのような寝たきりの人は、徘徊する代わりに大声で歌う、叫ぶんでしょう。

## 「問題行動」はコミュニケーション

そうすると私たちが「問題行動」と呼び、「ＢＰＳＤ」なんて言い換えてきたものは、認知症老人が体の不調を私たちに訴えているものだということになります。つまり「便秘に気がついていない介護によって引き起こされた行動」ということになります。「問題行動」、つまり藤田ヨシさんの「歌」、叫び、幻覚めいた訴えは、私たちへの非言語コミュニケーションだったんだ。だとしたなら、こうした「問題行動」を薬で抑え、おとなしくさせようというのは、二重の意味で間違っていることになります。

まずそれは、老人からのコミュニケーションを拒否しているということです。コミュニケーションが大事だと、誰もが言います。でもそれは、意図的になされる一方的な「声かけ」なんてものじゃなくて、まず老人からの訴えに耳を傾けることです。それを拒否しておいてコミュニケーションも何もありませんよね。

次に、老人の訴えていることに興味を示さないことになります。藤田ヨシさんの場合には便秘です。便秘で苦しんでいるまま薬を飲まされ、「問題行動」という形でのコミュニケーションすらできなくさせられるのです。

「問題行動」「ＢＰＳＤ」は、あってはならない、抑えるものではなくて、受け止めるものなのです。そして、言語化できない認知症の人が何を訴えているのかを分析し、想像するものなのです。

## 一番大切なのは健康的な「日常」

では、「問題行動」という形で彼らが訴えているものは、便秘以外に何があるのでしょうか。

一番多い便秘と肩を並べているのが脱水です。これは脱水症状というれっきとした病気で、細胞の中の水が不足することで起こる、命にも関わるものです。

脱水症の初期の症状は、なんとなく元気がないというもので、認知症老人の場合には、それが、徘徊しない、という形で出るので、周りの人は安心してしまうんですね。「あっ今日はいつものように徘徊していない。落ち着いているんだ」と。

落ち着いていて徘徊しないのと、元気がなくて徘徊もできないのとはちゃんと区別しましょう。そのためには脱水のその他の症状もないかをチェックすることです。

食欲がない、便秘気味になる、尿の量が少なくなる、三七度台前半の発熱が続く、皮膚が乾いているなどです。ここにも便秘が出てきますね。じつは、認知症老人の介護の最大のポイントは排泄ケアなのです。それについては、異食《いしょく》や弄便《ろうべん》といった問題行動について触れる次章で述べたいと思っています。

認知症老人の問題行動の直接の原因となっているものは、①便秘、②脱水、そして③番めは「発熱」です。これはほとんどの場合、風邪によるものですが、急に高熱が出た場合にはインフルエンザのこともあるので、原因を特定して対応します。

私たちなら、ちょっと熱っぽいな、と感じて体温計を使いますが、認知症の人はこれまた、体の違和感、不快感があってその原因がわからないものですから、徘徊、不眠、奇声で教えてくれているのです。

そして④番め。これも見逃しやすいので注意が必要です。「慢性疾患の悪化」です。認知症というと、精神の問題だと思ってしまいます。でも多くの認知症の人は、身体の病気を持っています。

多いのは高血圧症。次いで糖尿病です。血圧、血糖値が高い、逆に薬で下がりすぎたときに、これまた「問題行動」として表現するのです。それに気が付かないで、認知症の症状だと思ってこれらの病気を放置したために、病気が悪化したりすることのないよう気を付けねばなりません。

血圧の測定や血糖値の検査をする前に、本人が教えてくれているのですから、ありがたいことです。ここでも、問題行動は無くすものではないことがわかります。

こうしてみると、認知症介護で大事なことは、便秘や脱水をはじめとする身体不調を招かないための生活管理であることがよくわかります。これは基本的で地味なことなんですね。でもこれがいちばん大事なんです。

みんな、認知症ケアというと、心理療法やカウンセリングといった専門的な対人関係技術をマスターすることが大事だと思っています。介護現場でも、外国からやってきた方法論にワッと飛びつき、そしてまた次の流行に乗るということがくり返されています。

でも、問題行動に対人関係技術でアプローチしておとなしくさせるのでは、認知症老人が問題行動という形で訴えていることはどうなるのでしょう。

必要なのは、問題行動をうまく抑えて落ち着かせることではなくて、問題行動の原因とならないような日常生活をちゃんと作りあげることなんです。そうした特別な対人関係技術を発揮しなくていい状況にすることです。

自分の専門的技術を発揮するために老人がいるんじゃないんですからね。

## 質問！　認知症は薬で治せるの？

治せません。

といっても、私は医者ではありませんし、認知症の研究者でもありません。介護現場の実感です。でもこの実感は、ほとんどの介護職が感じているものです。

老人が寝てばかりいる、歩けなくなった、表情がなくなった、ヨダレが出始めた、というので調べてみると、睡眠剤や抗精神薬が出ています。これらは、いわゆる「問題行動」に対して処方されるのですが、問題行動すらもできなくするものでしかありません。

逆に、元気がないからといって出される薬もあります。認知症の進行を遅らせるデータがあるというものです。でもこれも現場の実感では、怒りっぽくなって困るというのが実情です。おまけに、呑《の》み込みが難しくなって、肺炎になる人が出てきました。

薬で「問題行動」が解消したという報告もありますが、ちゃんとした介護、例えば、便秘にしない生理学的介護によって落ち着いたケースの方がはるかに多いはずです。むしろ、薬に頼って、肝心の介護の手を抜いてしまうことで、「問題行動」を引き起こすことが多いのです。

それにしても、その効果のない薬が、膨大な医療費を使って大量に処方されています。どうやら、家族が薬を欲しがるのが原因のようです。認知症になった父や夫、母や妻に、何もしないでいることは耐えられない、せめて薬を飲ませたい、と考えるのでしょう。

でも、一部の遺伝子レベルに原因のある若年性認知症を除けば、医学は無力で、人間学を根拠とした介護にこそ希望があると思います。

# 第九章　虐待に至らない介護

## 介護者が絶望するとき

問題行動、それは、「問題介護によって生じた老人の行動」という意味だと前章で述べました。ですから、偉い先生たちが、「ＢＰＳＤと言い換えろ」と言ってるのを承知で、問題行動という表現をし続けたいと思います。

前章の藤田ヨシさんで言えば、「便秘に気付いていない私たちによって生じた行動」があの朝まで続く「美《うるわ》しき天然」という歌だったのです。

認知症老人にはコミュニケーションが大切だと言われます。特に「声かけ」をしなさい、なんて教わっています。でも私は変だなと思います。用もないのに声をかけるなんて不自然ですよね。

コミュニケーションは、相手に伝えたいことがある、聞きたいことがあるから成立するんですから。

「声かけ」なんて、わざとらしいことをしなくても、すでに認知症老人の側から、私たちにコミュニケートがなされてるんです。それが「問題行動」です。

ですから、コミュニケーションが大事と言いながら、一方で、問題行動を薬で抑えようとしているなんてのは矛盾してます。

問題行動は抑えるものではなくて、受け止めるものです。受け止めて、これは何を訴えているのかと、分析したり想像したりするものです。つまり、老人の非言語的表現を、言語化するのです。

分析しても想像してもよくわからないままなんてこともあります。でもそれだけで老人が落ち着いてくれることがよくあるんです。受け止められた、ということで落ち着くんでしょうね。だとしたら訴えは、私の存在を認めてくれ、ということなのかもしれません。

「でも、とてもそんなに理性的に受け止められないんですよ」、そういう問題行動もあります。

徘徊《はいかい》につきあうのは疲れ果てますし、暴言には心が傷つきます。そのなかでも、排泄《はいせつ》についての問題行動が、もっとも受け止めが難しいでしょう。

じつは、老人施設での介護職員による入所者への虐待のきっかけになるのも、排泄のトラブルであることが多いのです。

さらに、家族介護者による虐待、そして不幸なケースでは、介護者による要介護老人の殺人にまで至ることがあるのですが、それも排泄がきっかけであることが報じられています。

息子が仕事を辞めて母親を介護していて、その母親を殺してしまったという事件がありました。トイレから出てきた母親が大便まみれになっていたのを見て絶望したことが、その引き金になったというのです。

便を手で触って、それを壁や寝具、衣服になすりつけることを、弄便《ろうべん》といいます。弄とは、もてあそぶ、という意味です。

これはショックですよね。特に子にとっては。だって、小さいときから、していいこと、してはいけないことを教えてくれてきた自分の親がそんなことをしてしまうのですから。

専門書にも「こんな不潔行為をしないよう管理しなければならない」としか書いてありません。これでは、手足を縛る抑制や、薬で動けなくしてしまうことを勧めているようなものですし、実際いまだに病院ではそれが行われています。だから、専門家でもなく、給料をもらっているのでもなく、さらに、三交替制でもない介護家族が絶望してしまって、対応法がわからなくても不思議ではありません。

## 認知症老人は理解できない？

弄便と並んで「人間性崩壊」だとされているのが、異食です。いしょく、と読みます。食べ物ではないものを食べてしまう、あるいは食べようとする問題行動のことです。

異食は、かつては別の意味で使われていました。体内にある種の回虫が寄生すると、味覚異常が生じて、ゴムのようなものを食べてしまうという症状があって、それを異食と呼んでいました。

今の日本は回虫は完全に駆除されてしまったのでそんな症状の人はいません。ところで、回虫がいなくなったことで日本人がかかるようになった病気があるって知ってますか?

花粉症がそうなんだそうです。花粉症は、体内の異物を排除しようとする自己免疫反応で起こります。もともと回虫のような寄生体に向けられていたその反応が、回虫がいなくなってヒマを持てあましているのか、花粉という、ささいな異物に過剰反応するようになったというのが花粉症だそうです。

毎年花粉症に苦しめられている人は、口から回虫を飲み込むと治るという説もあるそうです。やらないでしょうけど。

回虫が駆除されて生まれたのが花粉症。回虫が駆除されて変わったのが、異食の意味で、現在ではもっぱら、「認知症に伴う問題行動」のことになりました。

「ハンドクリーム事件」というのがありました。勤めていた特養ホームでは、寮母たちが手荒れ防止のためのハンドクリームの徳用瓶を共同購入するんです。

当番のM寮母が不思議がっています。「このあいだ買ってきたばかりなのにもうこんなに少ないのよ」。

理由はその日の夜に判明しました。夜勤の寮母がケアステーションに入ると、Sさんというお婆《ばあ》さんがその瓶に指を三本入れてすくい取り、口に入れていたそうです。

これでいろんな謎が解けました。じつはケアステーションの台所の三角コーナーの茶がらが消えていることもありました。これもSさんの仕業（！）でした。古くなった牛乳を回収して台所に並べておくと空になってることもありましたが、これもSさんが飲んだみたいです。まあこれは牛乳という食品ですから異食ではありませんが、下痢なんかするどころか、便秘が治るという効果があったくらいです。

M寮母は「なんでこんなものを食べるんだろう。どんな味がするんだろう」と思って、ハンドクリームを自分でなめてみたと言います。「とても食べられるようなもんじゃないわよ」との報告でした。老人の気持ちを知りたいと、自分の体で実験してみるMさんの精神は立派だなあ。この人が花粉症になったら、回虫の一匹くらい飲むかもしれない。

だから経験的に言って、異食があるからといってもそんなに神経質になる必要はありません。もちろん、洗剤や薬品といった、口に入れると危険なものは、手の届かない所、カギのかかる場所に置いておかねばならないのは当然ですけれど。

でもねえ、この異食と弄便がセットになると深刻だよねえ。だって手についた便を口に入れちゃうんだもの。

突然、そんなシーンを見たらどうします？　我が目を疑って絶句する、思わず「何してんのよ！」と大声で叱る、強制的に風呂場へ連れていく、といったところでしょうか。

でもここは冷静に。だって、老人は、介護者から異常なものを見る目で見られ、扱われることで、ますます混乱するんですから。

まず、便は食べても消化に悪いものはありません。なにしろ一度消化されてるんだから。はい、そんな問題じゃないというのはよく存じています。でもまずは冷静に、客観的に、科学的にこの事態をとらえましょう。

つまり、異食が、弄便とセットになったとしても、老人の体に何の害もないんです。もちろん、介護する側にとっては問題はあります。便のついた衣服や手の後始末は大変です。でもそれ以上に大変なのは、私たちの常識がくつがえされてしまったことです。あってはならないことが起きている、人間がこんなことをするのかという驚き、そしてそれが自分の親なら、嘆き、悲しみ、怒り、絶望となってもおかしくないでしょう。どう理解していいかわからないものに対して私たちはもっとも混乱するのです。

## 「快・不快の原則」――フロイト

はたしてこんな問題行動も、やはり認知症老人の非言語的コミュニケーションであり、私たちに何かを訴えているのでしょうか。脳細胞の病変のもたらした人間性崩壊の症状だと考えるほうが妥当かもしれませんね。

まず、異食について考えてみます。周りのものを何でも口に入れるというのに、似ていることはありませんか？　みんな一度は体験していることです。

そう、赤ちゃんのとき、視野に入るものに何でも手を伸ばして口に持っていっていたはずです。

フロイトという人は、生後一年半までを、口唇期《こうしんき》と名づけました。敏感な口や唇、舌などで世界と自分を関わり付けている時期のことです。お母さんの乳首から母乳を摂取するのがその基本的行為です。

この時期の赤ちゃんの行動は何によって決められるか、フロイトはこれを「快・不快の原則」に拠《よ》ると言いました。「快楽原則」とも言います。

快適ならニコニコしてるか寝ています。不快なら泣いて母親ら周りの大人に世話を求めるのです。周りの大人は、赤ちゃんが泣けば、何か不快なことがあるんだろうと考えて反応します。

おっぱいが欲しいのかなと、乳首をくわえさせる。オムツが濡《ぬ》れているのかなとあけてみる。結局何を訴えているのかわからないこともあるけれど、赤ちゃんは泣くという自発性を発揮すると、周りの世界が反応してくれるという体験をします。赤ちゃんにとっての周りの大人、母親というのは世界そのものですから、ここで、あ、私は世界の中にいるんだ、私が助けを求めたら世界は反応してくれるんだという体験をすることになります。

人間としての基本的な世界への信頼感、そして自分がここにいていいんだという自己肯定感を得ることができると言われています。

しかし、いつまでもこの「快楽原則」にとどまっているわけにはいきません。小学校に入ればいくら不快でも席に着いてなきゃいけませんし、思春期になっていくら快楽を得られるからといって周りに迷惑をかけるようでは困るからです。

そのために、常識や道徳、さらには法律なんかを周りから教えられます。社会の中で生きていくためにはこれらに従っていく必要があるからです。こちらを「現実原則」と呼びます。

子どもの頃、親からトイレットトレーニングを受けるのも、この現実原則を身につけるためです。トイレで、しかるべき格好で排尿、排便をしなきゃいけないことを教わるのです。そうでないと社会生活はできませんからね。

すると、認知症老人の問題行動は、いちど体験してとっくに卒業したはずの、快楽原則が支配する口唇期に戻ったと解釈すると、わかってくるように思われます。

当てられたオムツの中に便がある。それが不快なので自分の手で取り除く。赤ちゃんはオムツの中に手が届きません。だから泣いて周りに訴えるのですが、老人は幸か不幸か手が届くんです。だから自発的に不快な便を自分の手で取り除こうとする。するとこんどは手が不快なので周りになすりつける。

オムツでない人の場合には、トイレでふん張ってみてもなかなか便が出ない。その不快感をなんとかしようと、自分の手で肛門《こうもん》をさわり便を引き出そうとし、それで便まみれになる。おそらく介護していた息子が母を殺害するに至ったケースもそんなところではないかと思います。

これを心理学者は退行と呼ぶでしょう。快楽原則から現実原則へと発達していかねばならないのに、快楽原則に戻ってしまったというマイナスのイメージが、退行という表現にはあります。

でも人間が快・不快の原則に支配されるのは、一歳半までの口唇期だけではなく、人生の最後にもあるんだと考えたらどうでしょう。だとしたらこれは、退行ではなくて、人生の最終期に至った、と言っていいと思います。

人生の最後のこの時期を、仮に終末期と呼ぶことにしましょう。すると図5のように表すことになります。もちろん、口唇期と終末期の間には、幼児期、少年期、思春期、青年期を経て成人期へと至る発達の前半生と、初老期、あるいは向老期と呼ばれるようになった時期から、前期高齢期、後期高齢期という老化という後半生があるわけです。

### 老人たちは「基本」に「回帰」しただけ

ところで、私たちはほんとに「快・不快の原則」から卒業して「現実原則」の世界にいるのでしょうか。現実原則で生きていくことは必要なことです。でも常識や規範にしばられて、自分の快・不快を抑圧し続けるとストレスがたまってどこかで爆発しかねません。

そこで私たちはときどき、現実原則から逃れて快楽原則に身を浸し、そこで自分を確認するということをやっていると思います。もちろん、他人に迷惑をかけないし法に触れない範囲でですが。

私の場合ならお酒です。せちがらい現実から離れて、酔いという別世界に行くことができます。タバコも吸います。ただし、家ではいっさい吸いません。仕事中、人のをもらって吸うんです。ケチなタバコ吸い。

だから、喫煙者というほどでもないし、禁煙もしていない。タバコから自由なんだ、

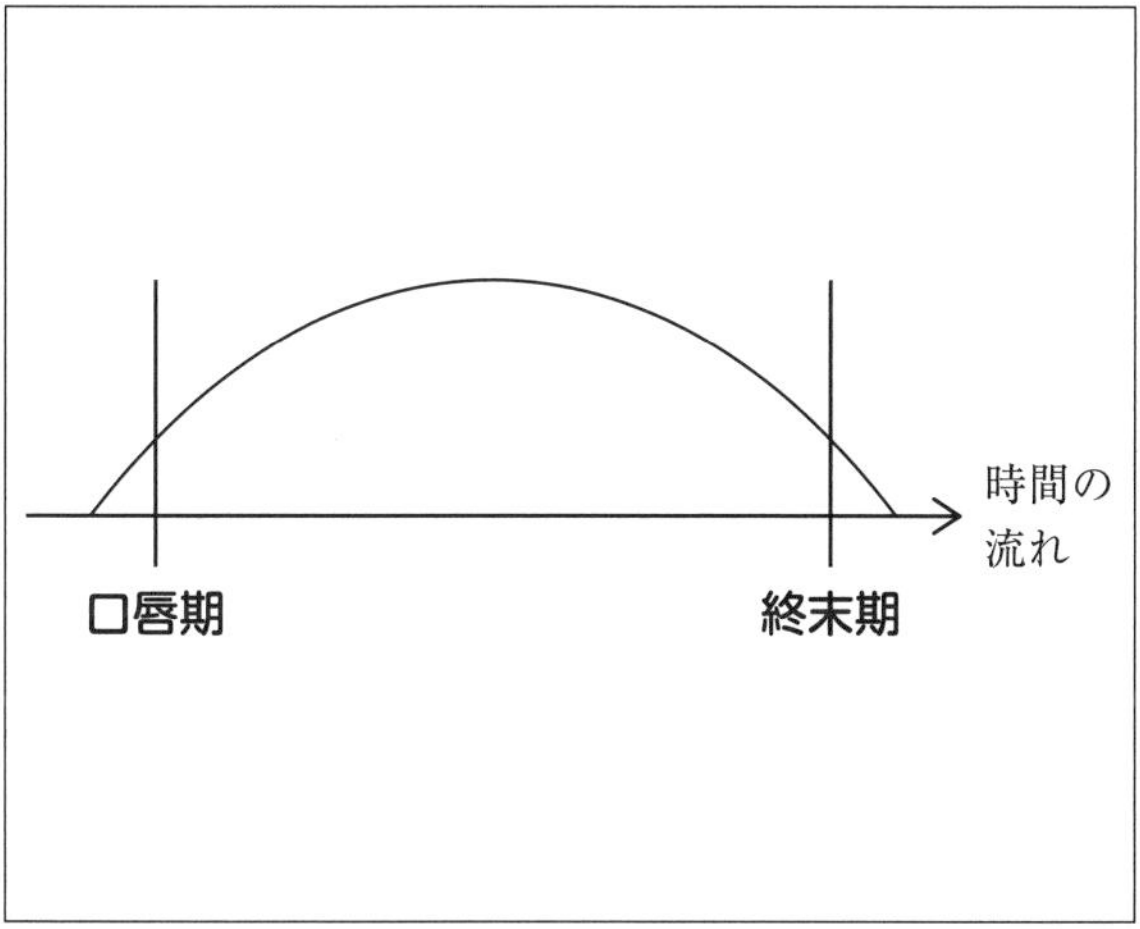

図5

と言っています。

なんでタバコをやめられないかというと、赤ちゃんのときに無理やりおっぱいから離されたトラウマをタバコで埋めているという説があるそうです。たしかに、口唇への刺激ですしね。

大人でも不安で寝つけないときに、タオルケットを口に含むと安心するという人は珍しくありません。あれも口唇期に帰って自己確認をしているんじゃないでしょうか。

もっと当たり前のことでも私たちは、快・不快の原則に帰っていると思います。食べ物をおいしい、と感じて食べるとい

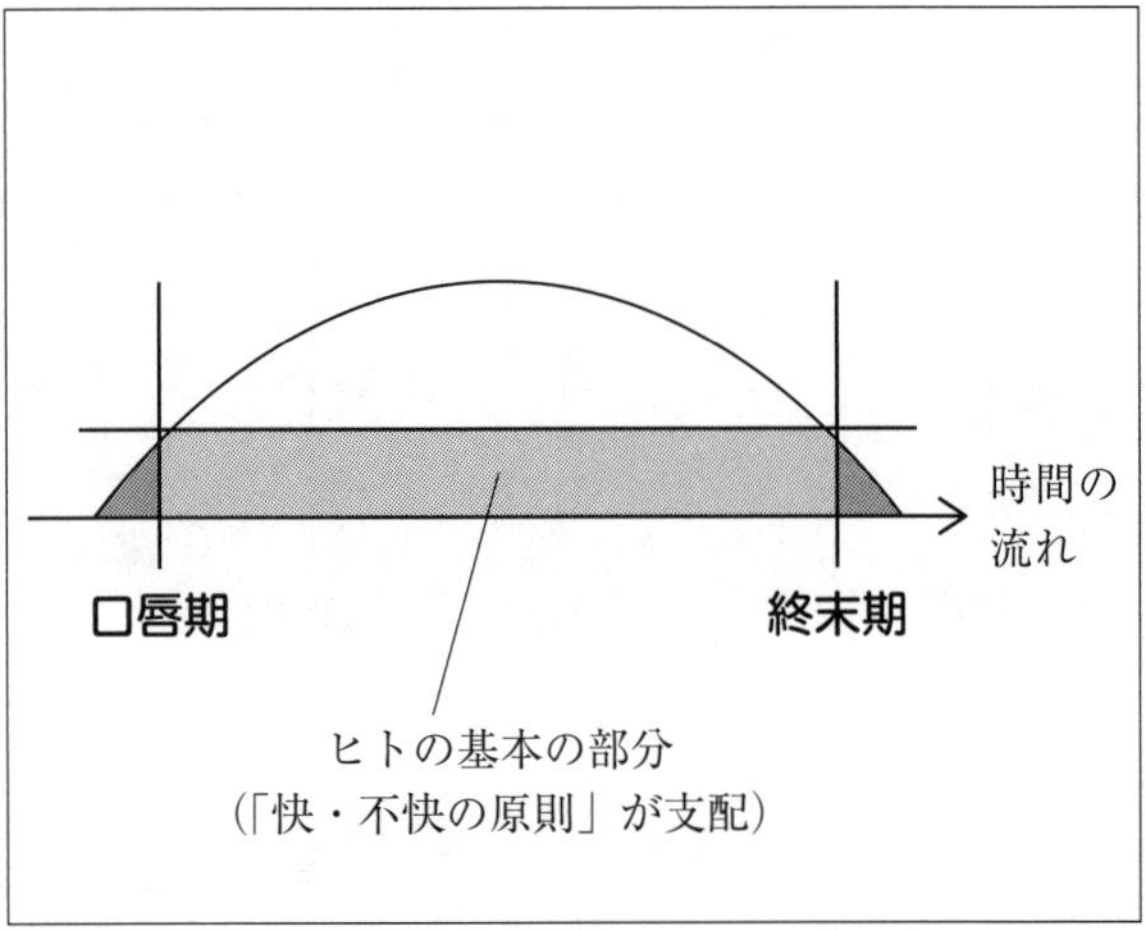

図6

うのもそうです。気持ち良く排泄するのもそう。そして、「極楽、極楽」と言いながら風呂に入るのももちろんそうです。

　私たちは一日に何回も、自己肯定感を得られるチャンスを持っていることになります。

　となると、図5は、上の図6のように書き直す必要があります。再び、快・不快の原則が支配しているヒトの基本の部分に戻っていくのですから、これは「退行」ではなくて「回帰」と呼ぶべきでしょう。

　さあ、そうだとすると、異食・弄便という問題行動はどう捉えられるでしょうか。人間が、「現実原則」という、常識、世間体、規範、会社、国家といったものから解放されて、「快・不快の原則」という人間にとっての基本部分に回帰したことによる行動、となります。

あるいは、まだ終末期とは言えない人がそうなっているとするならば、言語という共通の約束の世界では自分を表現することができなくて、快・不快という基本部分で訴えるより他にないところに追いつめられている状態だ、とも言えるでしょう。

ではどう対応すればいいのでしょう。同じように「快・不快の原則」の世界にいる赤ちゃんにどう関わっているかを参考にすべきでしょう。

ベッドの上で手足をバタバタ、体をゴソゴソさせている赤ちゃんに「危険だから」と体を抑制する産婦人科のスタッフはいませんよね。バタバタ、ゴソゴソは、人間の自発性発揮の第一歩です。これで赤ちゃんは寝返りができるようになり、うつぶせ、ハイハイと発達していけるのですから。

大声で泣いている赤ちゃんに「みんなに迷惑がかかるから」と、薬で眠らせる保育士さんはいません。泣くのは自発性の発揮です。不快を訴えているのです。それに周りが反応することで世界への信頼感、自己肯定感を得られるんでしたね。

食べ物でないものに手を伸ばして口に入れようとする赤ちゃんに「常識がないわね」と叱る母親はいません。赤ちゃんは初めての世界をそうやって体験しているのですから。

でも認知症老人にはどうでしょう。赤ちゃんにはしてはいけないとみんな知っていることを、老人にはやってしまっています。

## 生理学に基づいた排泄ケアを

まず私たちは、「問題行動」が起きたら、脳のせいだと考えず、どんな不快の訴えなのかと考えなければなりません。

弄便の場合の不快はすぐに想像できます。前章の藤田ヨシさんの場合は便秘でしたね。その不快が生じないようにすればいいんです。オムツの中にある便が不快なんです。なら、オムツの中に排便させない、これです。

でも認知症の人は便が出そうだと訴えないし、わかったとしてもトイレがどこかわからない、だからオムツを使ってるんじゃないか、と思われるかもしれません。

でも認知症で尿意や便意といった感覚がなくなることはありません。膀胱《ぼうこう》と直腸からちゃんと脳に刺激は届いているんです。でもその感覚を「あ、これはおしっこだな」というふうに識別できないんですね。違和感だけがある。

識別できたとしても、こんどは「じゃトイレへ行かなきゃ」という判断ができない。それもできたとしても、トイレがどこなのか忘れているんです。

だからオムツを使っているんだけど、老人たちはこの違和感をちゃんと私たちに教えてくれているんです。急に静かになる、哲学的な表情をする、何かを探すようにウロウロする。いつも鼻歌を唄いながらフロアを動き回っているお爺《じい》さんの場合は、歌が長調から短調に変わると、ウンチとシッコのサインなんです。

一人一人のサインを把握していなくても、大便の場合にはいい方法があります。それは人はいつ排便をするか生理学的に決められているからです。生理学的、解剖学的説明なんかしなくても経験的にわかりますよね。

そう、朝食後です。このときが最も排便反射が起きやすいんです。私たちは朝食後、例の寝たきりの藤田ヨシさんを介助してイス型で安定のいいポータブルトイレに座ってもらいました。これで便秘が解消したんです。上を向いて寝た姿勢で排便するのは心理的にも嫌だし、物理的にも問題なんです。座らないと、腹圧もかからないし、なにより重力を活用することができません。座れば肛門の穴はちょうど真下を向くんです。

便秘が原因だった藤田ヨシさんの問題行動の解決法は、朝食後に座ってふん張ってもらうという、生理学に基づいた介護でした。

虐待に至ることもある弄便の解決法も同じです。朝食後座ってもらう習慣をつけましょう。出るべき便はここで出ます。そうすれば弄便なんか起こらないんですから。

## 虐待に至らない介護とは

虐待を防止するため「尊厳を守る介護」が強調され、介護職への研修が実施されています。しかし、自分の母親を大事にしたいと思う気持ちすら、異食、弄便といった問題行動を前にすると、ブレーキにはなりませんでした。

介護者に倫理を押し付けるよりも、具体的な介護の方法を知ってもらうことこそが、虐待防止につながるはずです。つまり、異食や弄便を引き起こさない介護、起きたときに、どうアプローチすればいいかを知っていることです。

それは、「快・不快の原則」で生きている老人たちの「快」を作り出していく介護です。つまり、心地よく食べ、出し、風呂に入るということです。

こうした、食事、排泄、入浴という基本的な介護とは別に、「尊厳を守る介護」があるのではありません。どう食べるのか、どう排泄するのか、どう入浴するのかということで尊厳を守るか、奪ってしまうかが決まってしまうのです。

生活の基本のところに「快」を作り出すための工夫をしている現場が、虐待に至らない介護現場と言えるでしょう。老人の「快」を目にしている介護者もまた「快」を感じて、毎日の仕事がやりがいになっているはずです。そんな現場なら虐待とは無縁です。


ちなみに、問題行動がなくなった藤田ヨシさんは、相変わらずエッチ話ばかりしながら、なんと九八歳まで長生きしました。唄える歌が少なくなっていって、あれだけ唄っていた「美しき天然」を私が唄っても、のってこなくなり、最後に唄えた歌は「君が代」でした。

## 質問！　老人に暴力をふるわれたら

まず言っておかねばならないのは、認知症老人がそんなに暴力を振るってるわけではありません。暴力や暴言といった粗暴行為には、そのほとんどで、介護する側の暴力が先行しているのです。いわば老人の暴力は、対抗手段なんです。

「こんなひどいめに合っている」と言って、腕のアザを見せてくれた知人がいました。入浴を嫌がって抵抗されてできたそうです。

でも本人が嫌がってるのを無理に３人がかりで入浴させようとしたのですから、これは正当防衛です。だって、介護の基本は本人が嫌がることはしない、でしたよね。

ちゃんとした介護をしていても暴力、暴言があるのは、かつて病院などで抑制されていたことが原因で、世界を信じられなくなっていることが多いのです。

デイサービスで、利用者の男性から杖《つえ》を振り上げられたという知人もいます。ほとんどの場合、社会的地位の高かった人の認知症の初期で、職員の何気ない一言に「俺を子ども扱いするのか」とカッとなるのです。

それに対して、デイの利用禁止なんていう対抗措置をとる事業所が多いのですが、それは、個人の暴力に対して公的な権力で対抗していることになります。

封じ込められた男性の暴力性はどこに向かうでしょう。家庭内暴力です。奥さんに向かうのです。

ではどうする。私の答えは「走って逃げなさい」。つまり、時間と距離を置くのです。すると、社会的常識のあった人ですから、「私ともあろうものが」なんて言って謝ってくるんです。要介護の自分に苛ついているんですね。プライドの高い人が老いるのは大変です。

# 第一〇章　介護の魅力3K

## 「世界」への信頼を取り戻す

「自分探し」というコトバが流行したことがありました。若者が学校や仕事を辞めて、バックパッカーとなって世界中に旅に出ていくのです。外国に行ったからといって、「自分」が発見できるとは思えませんが、異文化体験の中で自分の置かれている状況がどんなものであるかは見えてきたかもしれません。

最近の若い人たちは、世界に飛び出していく行動力どころか、自分の部屋に引き込もりがちで、「自分探し」の代わりに「自己肯定感が持てない」と言います。

自己肯定感は、口唇期に、不快を訴えれば周りが反応してくれて、快が得られるという体験をくり返すことで、世界への信頼感と共に得られるものだと述べてきました。

たしかにそうした若い人は、おいしく食べることや、風呂に入ってホッとするなんてこともなさそうなんです。おいしいと思って食べることはないと言います。しかたなく食べてるんです。だから毎朝カロリーメイトなんかかじっている。風呂も、しかたなく入っている。いやシャワーだけサッと浴びるといいます。日常生活の中で「快」を体験していないんです。

私の知人が保育園の園長をやっていますが、母親たちに毎回言っていることがあるんだといいます。「スマホおっぱいはやめましょう」。つまり、スマホをやりながら赤ちゃんに授乳しているんですね。興味関心はスマホの画面で、赤ちゃんには向いていないんです。

すると赤ちゃんは、自分の「快」を母親が共有してくれていないことを敏感に感じとって、それを快感だと思えなくなるのじゃないでしょうか。

自己肯定感を持てない若い人が増えているのは、こうした、子の周りにいる母親を中心とした大人たちの変化が影響しているに違いないでしょう。私はその分野には詳しくはないので推測に留めておきますが。

でもそんな若い人が少しでも自己肯定感を得られるためのアドバイスをすることがあります。

それは二つです。一つは、人生はいくらでもやり直しができるということです。母子関係で心的外傷を負って世界への信頼感と自己肯定感を得られなかったら、それは一生消えないままだと思われていています。

でも、たとえ母子関係が大変だったとしても、思春期や青年期に異性との出会いでこれを補うことができるはずです。それを過ぎても夫婦関係、さらに、子どもとの関係で修復は十分できるでしょう。

さらに高齢になって要介護になって、介護職との関係でということもありうると思いますよ。

二つめは、毎日の生活の中で自己肯定感を取り戻そうということです。それほど難しくはありません。おいしいと感じて三度の食事をし、快適な排泄《はいせつ》を喜び、風呂に入ってホッとすることです。おじさんみたいに「極楽、極楽」なんて口に出すともっといいですね。

もともとみんなそういう感覚を持っているはずですから、その身体感覚を取り戻せばいいんです。

そしてさらに、そこから人とつながっていきましょう。いっしょに食べることでおいしさを共有するんです。いっしょに風呂に入ることで「極楽」を共有するんです。さすがに排泄を共にするということはないでしょうけれど。でも男なら、連れションというのがあって、あれも確かに仲間意識を得られるものではありますけれど。

考えてみると、介護がやっている仕事って、老人の、世界への信頼感と自己肯定感を作り出すことなんです。だって、おいしく楽しく食べてもらって、気持ちよく出してもらって、風呂に入って、「ああ生きてて良かった」なんて言ってもらう。これを毎日やってるんだからね。そんな普通の、日常的な、なんでもなさそうなことの中に、どうやらいちばん大切なものがあるらしい。

**ミヨさんの「お迎え」**

しかしそんな私のアドバイスなんかでは回復できないほど深い傷を持った人がたくさんいるんです。これまで出会った「問題老人」なんて呼ばれていた人の大半は、そんな過去を持っていたと思います。そう思わないと納得がいかないのです。

千葉県南房総市に「ろくじろう」という名の小規模多機能施設があります。そこの代表の小池美喜子《こいけみきこ》さんがフェイスブックに投稿した文章が、介護界であっという間にシェア、拡散され、話題になっています。

少し長いのですが、小池さんの了解を得て全文を掲載したいと思います（文中の個人名には仮名を用いています）。これは、人間の基本の部分での重く切実な課題を抱えたまま生きてきた人が、その基本に回帰した終末期に何を求めているのか、介護者にできることは何かを教えてくれていると思います。

「お母ちゃんだよ、ミヨ、お母ちゃんだよ。一緒に行こう、ミヨ、迎えに来たよ、もう、一人にしないからね……」

駆けつけたスタッフがミヨさんの耳元でそう囁《ささや》くと、目をつむったまま、満足そうに何度も何度もミヨさんは頷《うなず》いた。待って待って、百年待ち続けた母が、迎えに来てくれた。百年前の幼子のような、ふっくらと優しい顔で、頬をピンクに染めてミヨさんは母に手を引かれて旅立っていった。

その人は、近所でも有名だという強いひとだった。いつも綺麗《きれい》にして、威勢よく、表裏一体の二人の人格を持つその人の側《そば》からは、いつの間にか人が離れていった。自分の体が衰えてゆくのと並行して、つく悪たれの数も増えていった。

沢山の嘘《うそ》もついた。自分を大切にしてくれる人を、後で悪者にすることも、目の前で罵声を浴びせることも、こうやって人は神に近づいてゆくのだと自分たちに身を以《も》って学ばせてくれた。

プライド高く、人を信じず、常にモノを振る舞う姿勢を崩さなかったミヨさんが、最後の数ヶ月は赤ん坊に帰った。自分を抱いて自分の好きなものだけを食べさせて欲しいと望んだ。口を開け、少しでも口触りの悪いものや気に入らないものが入ると、ペっぺと吐き捨てた。まるで親を試す幼子のように。

暴れて暴れて、暴れまくった。人が恋しいと、ベッドには戻らず、皆の居るデイルームのソファーで眠った。あるときは、デイルームの真ん中に布団を敷いて、日常が繰り広げられる仲間たちのど真ん中に居場所を構えて、頑として動かなかった。

スタッフが、彼女を抱いて食事を口に運び、添い寝をしてなだめた。年寄りたちが、呆《あき》れた顔をしながら遠巻きにその様子を眺め、いつの間にかそんな光景が日常となっていった。

「あのワガママばぁさんが……」「あんなふぅには、なりたくねぇなぁ……」

そんな他の年寄りたちの言葉にスタッフたちはこう答えた。

「大丈夫、アナタの時も、最後までこうやって面倒見るから……」

年寄りたちは、苦笑いをして、特別扱いを受けるミヨさんの様子を窺《うかが》った。

なぜ、あそこまで意地を張り通すんだろう。なぜ、あそこまでつっぱり続けてきたんだろう？　この人の生い立ちには、一体何があったのだろうか？　死ねない、体はもうとうに終わっているのに、魂が納得をしていない。この世との別れに。

彼女の口癖は「はやく……」だった。「早く、早く、迎えに来て欲しい。早く、早く……」一晩中そうつぶやき、叫び続けた。早く死にたい、早く死んで楽になりたい。未熟な自分たちはそんな願いだと勝手に想像していた。

「早く逝《い》けるといいねぇ、お迎えはまだ来ない？」そんな風に話しかけると「へへへっ……」と笑った。

でも、一体どんな生い立ちだったのだろうか？　と思いあぐねるようになって、こんな幼少時代だったらしいと耳にして、それからしばらくして、ハッと気がついたのは、彼女が旅立つ少し前だった。彼女が待ち続けてきたのは、置いていった自分を迎えに来るはずの、母だったのではないかと。百年待ち続けた、親のぬくもりなのだと。

そこへ駆けつけたスタッフに囁いた。「言ってご覧、お母ちゃんだよって、ミヨ、お母ちゃんが迎えに来たよって。待たせてゴメンネって。最後の最後まで手を払いのけ、悪態をつき続けてきたミヨさんが、そうであるのならば、きっと頷《うなず》くはずだから……」

## 介護はタイムマシン

介護はタイムマシンです。ミヨさんといっしょに一〇〇年前に帰るんです。でもそれは人間の最も基本のところだから、時を越えて今とつながってるんです。そして旅立つまでの短い未来とも。

もちろんこの話、なにか根拠があるわけではありません。小池さんの思い込みじゃないか、と言われてもしかたないですし、自己満足だと言う人もいるでしょう。

でも私は、思い込みでも自己満足でもいいじゃないかと思います。思い込まなければ何もなかったんです。それに自己嫌悪を感じるくらいなら自己満足のほうがいいですもの。


この介護というタイムマシン、私たち自身の未来を見ることもできる優れものなんです。

老人介護をやったことのない人にとっては、自分の老いがぶっつけ本番でやってきます。歳《とし》をとると物忘れするようになります。若い人に聞かなきゃいけません。昔はこちらが教えていたというのに。

病気でなくても、おもらししたりするんです。恥ずかしい、人の世話にならなきゃいけないなんて屈辱だ。そこで、「老いに伴う人間的反応」をせざるを得なくなって、過去に帰ったりするのでしょう。

その点、介護をやってきた私たちは違いますよ。老い方の見本を五〇人、一〇〇人と見続けていますからね。

「あんな婆《ばあ》さんにはなりたくないなあ」という人もいれば、「ああ、あんなふうに歳をとっていけばいいんだなあ」というすごい人もいます。自分の未来を一人一人に重ね合わせてみるんです。

歳をとったときにどう生きるのか、つまり、未来の自分との付き合い方を毎日ライブで見せてもらってるんです。給料までもらって。人生スケールで見ると、ずいぶん得をする仕事だと思います。


**介護は「3K職場」?**

そんな面白くて得をする仕事なのに、介護という仕事は人気がありません。こんなに介護職が不足していると騒いでいるのに、大学や専門学校の介護科は閉鎖があいついでいるのです。

介護は「３Ｋ職場」と言われているといいます。この３Ｋ、かつて日本がまだ高度成長を続けていた時代に、土木現場や建築現場がこう呼ばれました。「きつい」、そして「汚い」や「臭い」、三つめが「危険」です。労災事故が頻発していた時代でした。

果たしてこの３Ｋ、介護にもあてはまるでしょうか。介護はきついと言われますが、今の日本ではどんな仕事もきつくなりました。私の知人の息子さんは一流大学を出てコンピューター関係の仕事でしたが、なんと一日二〇時間労働だったといいます。同僚の自殺やノイローゼが相次いで、このままでは自分も死ぬと思って辞めたといいます。今は介護関係の出版の仕事に就いています。

労働基準法なんてどこの企業も守っていません。そのせいでみんな長時間労働、鬱、ノイローゼ、自殺があたりまえというのが日本の仕事の実態です。ですから、介護だけがきついなんていうと笑われるでしょう。残念ながら。

汚い、臭いはどうでしょう。オムツ交換なんかそうですよね。でも、前章で書いたような生理学的な排泄ケアをすれば、オムツ交換という後始末はほとんどなくなります。それに、汚い、臭いは三日で慣れます。

三つめの危険、これはあまりないですね。その代わりの三つめのKは「給料安い」だそうです。でも不況には強いですよ。私の知る限りでは、ちゃんと資格を取って責任ある仕事をしていれば、子どもを育てていけるくらいの給与をもらっている介護職はたくさんいます。ブラック企業はどの業界にもあるのでそこにひっかからなければそんなに悪くないと思います。さらに施設をやめて自分でデイサービスなどを始めた若い人たちもいて、彼らも経営は厳しいとはいえ、それなりの収入を得ています。

そんな一人、広島で「玄玄《げんげん》」というデイサービスを始めた藤渕安生《ふじぶちやすお》さんはこんなことを言っています。「高い給料をもらっている連中がどうしたって私たちにかなわないのは、楽しそうに仕事をしていること」だと。

給料が少しぐらい低いのは、それで十二分に埋め合わせることができると言うんです。私も同感です。

## 介護の魅力「3K」とは

私は介護という仕事には、他にはない魅力がいっぱいあると思います。それを「3

K」にまとめました。

「感動」「健康」「工夫」がその3Kです。

介護という仕事には感動があります。入所してきてずっと無表情だったお婆さんが初めて笑った、というだけで大喜びします。周りの人からは、シワが寄ったくらいにしか見えないんですけどね。

食べなかった人が、自分の手でスプーンを口に運んだなんてことがあると、スタッフ室には手書きの「号外」が貼られたりします。

だって、もう一回この体で生きていこうという気持ちになったんです。それに立ち会えたし、自分がそのきっかけになっているかもしれないんですから嬉《うれ》しいですよね。

介護職は居酒屋でみんなで飲んでいるときでも、そんな爺《じい》さん、婆さんの話で盛りあがります。これを他の仕事の人たちは不思議がります。せめて、酒を飲むときくらいは仕事から離れたいと言うんです。

一般の仕事にも感動はあります。でもそれは、大口の契約がとれたとか、入金があったとかといった、自分の会社内での評価が高くなったなんてことです。介護の感動とはレベルが違いますよね。

二つめ。介護は健康にいいんです。そう言うと、「身体介護で腰を痛める人が多いんじゃないの」と反応する人がいます。それは、介護のやり方によるんです。

第五章で提示した、タテ軸とヨコ軸の図4（九二ページ）を思い出してください。食事、排泄、入浴のしかたにも、左上、つまり老人を受身にしてしまうやり方と、右上、老人を主体にするやり方がありました。

それと同じように、介護技術も、老人を受身にしてしまう方法と、老人を主体にする方法があるんです。老人を受身にするやり方では介護者が腰を痛めるのは当然です。これを老人主体のやり方に変えていけば、介護で腰を痛めることはまずありません。むしろ、一日中、椅子に座っている事務職なんかのほうが腰痛になりやすいんです。

それだけではありません。一般の人はみんな運動不足で困っています。高い入会金を払ってスポーツクラブに入会してトレーニングをしています。その点介護職は有り難いです。よく動きますから運動量はたっぷりです。しかも認知症の人が出かけていくのを追いかけたりもします。「これでまたやせられる」なんて追いかけてますね。

介護の最大の魅力は三つめのK、「工夫」ができることだと思います。介護にはマニュアルはありません。もちろん身体介護については、例えば脳卒中で片マヒの人への介助法はそれぞれのマヒのレベルに応じて知っておくべきです。

でも介護は、身体に関わるだけじゃなくてその人の人生に関わる仕事でしたね。そうなると一人一人みんな個性的ですから、マニュアルではなくて、私たちの創意工夫に頼るより他にありません。

ですから介護はやればやるほど、自分の想像力と創造力が豊かになっていく仕事なんです。こんな仕事はいまでは珍しくなっています。

コンビニでアルバイトを経験したことのある人もいるでしょう。あの仕事は、工夫なんかすると怒られるんです。偉い人の作ったマニュアルどおりにやらなきゃいけません。誰がやっても差がない、単なる労働力であることが求められているんです。

そんな仕事が、楽しいわけがありません。辛抱強くはなるかもしれませんが、自分が豊かになるなんてことはないでしょう。だから倫理観は生まれません。冷蔵庫に入って遊びたくなるのも無理はないかもしれません。

コンビニだけじゃなくて、大きな会社も同じです。私は一九五〇年生まれ。中高一貫の男子校で、いい大学に入って、いい会社に就職した友達が何人もいます。みんな続々と定年退職になりました。同窓会で会うと、中学一年生のときの少年のような顔を思い出します。

でも、大きな会社で出世した奴《やつ》ほど、老けていて、人相が悪くなってるんです。話を聞いてみると無理もありません。大企業で出世しようと思うと、二〇代や三〇代の頃は家に帰れないんです。着替えを取りに帰宅するくらい。

そうやって自分と家族を犠牲にして出世しても、自分で決めるとか創意工夫するなんてことはできません。決めるのは、超エリートが、マーケットリサーチかなんかして決めて、売り上げ目標がいくらなんてノルマが降りてくるだけなんです。

それを達成するために、競争社会を夜も寝ないで働くんです。競争社会での競争は、スポーツのような公平なものではありません。同業の弱者をいかに叩《たた》くかなんです。内部の弱者も叩きます。リストラして競争力を高めるためです。

## 団塊親父《おやじ》はなぜソバを打つのか

そんなことを三〇年も三五年もやり続けてきたんですね。もう、うんざりしてますね。罪悪感のようなものまで抱えています。もっと自分の個性を生かせる仕事がしたかった。だって組織の中で個性を殺して生きてきましたからね。もっと人の役に立つ仕事がしたかった。会社の利益のためにだけ仕事をしてきましたから。

だから私たち団塊世代の親父たちは、定年になると、ソバを打つんです。ソバ打ちは工夫がいるんです。その日の天気、温度、湿度によって水の配分やこね方を変えるという工夫が必要とされます。客筋に合わせて、ツユの濃さを変えたりもします。そして客が「おいしい」と言ってくれると嬉しいんです。はじめて、自分の創意工夫で手応《てごた》えのある仕事を経験できるんですね。

だから私は、ソバ打ち親父の気持ちがよくわかります。でも私は言うんです。「今さらソバを打つくらいなら、これからでもいいから介護の世界に入ってこいよ」と。

介護は逆なんです。弱者を叩くんじゃなくて、なんとか寄り添おうとするんです。いまの介護制度のもとでは限界があるんだけど、できるだけなんとかしようとするんです。

もちろん、金もうけが目的で介護事業を始めた人もたくさんいますから、そんな事業主は「金にならないことをやるな」と言います。でも、「このお婆さんの人生を考えると、ここで手を引くわけにはいきませんから」と主張できるのが介護なんです。

今の世の中、日本中、いや世界中が「命より金」という価値観になりつつあります。そんな中で介護を仕事にしているものは、いい介護をすることで、その価値観をひっくり返すことができるんです。「金より命」だと。「玄玄」の藤渕安生さんが言うように、楽しそうに仕事をしているはずですよね。

## 介護の世界へ

もちろん、介護の魅力3K、感動、健康、工夫を感じとれる介護現場はまだまだ少ないかもしれません。だから、介護の仕事に就いても、辞めていく人がたくさんいます。でもそんな人の多くが「やっぱり私は介護でなきゃ」と帰ってくるんです。だって他の仕事は、少しは給料が良くても、「感動」「健康」「工夫」といった魅力を感じられないからです。

では介護以外に、その3Kの魅力が得られる仕事が他にあるでしょうか。あります。それは、芸術家と農業だと思います。個性を発揮しなければ芸術にはなりません。マニュアルで作られたものは芸術とは呼びませんね。でも、誰でも芸術家になれるわけではありません。

そうなると、一度介護の仕事をすると、転職できるのは農業だということになるでしょう。

介護と農業、これがいま最先端の仕事だと思います。農業は自然を相手にする仕事です。自然は思うようにはなりません。自然を支配、管理しようとしても無理です。自然から学んで、自然に適応することで、作物を授かるのです。

ですから、農業をやってきた人は、長く仕事をするほど謙虚になっていきます。自然の前では人間は小さな存在にすぎないことを実感しているからです。

介護もまた、「老い」という自然を相手にする仕事です。「老い」も思うようにはなりません。老人を支配、管理しようとしても無理です。逆に、老人から学んで、老人に適応するのがいい介護です。

農業をやって来た人と同じく、いい介護をやってきた人ほど、やはり謙虚になります。そうでないと老人と関われないんですから。

私は人間を見る目がそれほどあるとは思えません。人と付き合うより、本を読んでいるほうが多かったからだと思います。でも、そんな私が、人間を判断する物差しを一つだけ持っています。それは「威張る人は信用しない」です。もしあなたの周りで、威張っている介護関係者がいたら、その人はちゃんとした介護をやっていない人だと思っていいでしょう。

農業と介護は共通する点がいっぱいあります。でもこう考える人もいるでしょう。農業は人間の生命維持に必要な作物を生産するけど、介護は何も生産しないじゃないか、と。

たしかに、介護には生産性がないように思えます。でもそれは違います。介護は農業と同じくらい、いやときには、それ以上のものを生産しているのです。

それは「生きる」ということです。老化や障害を負った人たち、認知症の人たちが、自分は生きていっていいんだと思えることを、それを創り出しているのです。

食べ物がなければ生きてはいけません。でもいくら食べ物が豊かでも、生きていこうという気持ちが無くなれば、食べ物の意味は無くなってしまいます。

いま、生きていていいと思えなくなっているのは高齢者だけではありません。子どもの頃に体験した虐待、いじめ、成長してからの過重労働やパワハラなど、多くの人が、自分は生きていていいのかと悩む状況に追い込まれています。

いい介護現場には、そんな多くの現代人の課題に応える大切なものがあるんです。自分が生きていることを肯定してくれるものが。だから私はこの介護という世界から足が抜けないでいるのです。

## 質問！　介護の「介」って どんな意味？

介護の深さ、面白さは、介護の「介」という字に表されています。

さあ、介を使った熟語を思い浮かべてください。まず、お節介の介だと思った人。実は日本の老人への介護には、お節介が必要なんです。して欲しいことをコトバに出して要求しませんから、こちらがそれを推測して「お節介ケア」をしなければならないことが度々ありますから。でも正解じゃありません。「紹介」、少し近づきましたね。「仲介」、もっと近くなった。でも不動産屋みたいですよね。

正解は「媒介」です。仲だちするという意味ですが、仲介と違って、目に見えないもの、見えにくいものが仲だちするときに使います。「蚊が病気を媒介する」というように。

大哲学者ヘーゲルの本を日本語に翻訳するときに、Vermittlungというドイツ語がうまく訳せなくて困ったそうです。「他のものを通して、あるものを存在せしめること」という意味で、やむなく「媒介」というコトバをあてることにしました。

介護の「介」は、この媒介の「介」なのです。つまり、「他のもの（＝介護者）を通して、あるもの（＝主体としての老人）を存在せしめること」、これが介護です。

老人が自分の身体と人生の主人公になるために、私たちが自分を媒介にする、つまりきっかけにすることです。

老人が主体、私たちは老人にとっての手すりや杖《つえ》なのです。でも単なる杖ではありませんね。パスカルの名言をもじりました。「介護者は考える杖である」。

# あとがき

「介護職よ、北欧よりもインドに行こう」、こう呼びかけて、毎年インドツアーに出かけています。名付けて「生と死を見つめる旅」。

といっても私は、まだ北欧には行ったことがありません。福祉の先進国ですから、行けば学べることはたくさんあるでしょうし、いつか行ってみたいと思っています。でもその前にインドにはまってしまったのです。

初めてのインドは私が五六歳のときでした。つきまとう物売りの子ども、やせた赤ちゃんを抱いて物乞いする女性、生まれて初めて見る光景にショックを受けました。

さらに、パスポートは紛失するわ、寝台列車が一〇時間近く遅れてずっと待たされるわ、ひどい体験でした。

でも私は、翌年、家族みんなを説得してインドに連れていきました。常識人の妻、潔癖性気味の中学生の長男、まだ小学生の次男、もちろんみんな初めてのインドです。

私はこう考えたんです。子どもが学校でイジメにあったらどうしたらいいんだろう。日本はイジメ社会だから、子どもに、イジメをするなと言ったって無理だ。だって会社や、学校の職員室でイジメがあるんだもの。

だったら、イジメられても自殺しないためにはどうすればいいかと考えなきゃいけない。クラスや学校でひとりぼっちになったとしても、自分は世の中で孤立しているんじゃないと思えるにはどうすればいいんだろう。

それは、このクラスや学校は特殊な価値観の支配した場所にすぎない、世界はもっと広くて多様なんだと実感として知っていることではないか。

それにはインドに行くのがいちばんいい。この日本に生活していたのでは想像できないような日常があるのだから。

と同時に私は、介護の仕事をしている人にこそインドを体験してもらうべきだと思ったんです。なぜ、と問われても、自分でもよく説明できないのですが、北欧よりもインドだ、という確信めいたものがありました。

私の呼びかけに、全国から介護関係者が応じてくれました。それ以来毎年、多いときには六〇人もの人たちとインドの旅をしてきました。

「マザーテレサの施設にはいかないいんですか」と質問されることがあります。そうした施設には行きません。それより、東欧からインドにやってきた一九歳のマザーテレサが見たのと同じものを、私たちも見よう、そして感じるほうがいいように思うのです。

だから、ツアーの日程は、ふつうの旅行会社の日程と変わりません。ただ、観光バスの車窓から見るだけの場所で下車してみんなで徘徊《はいかい》したり、混沌《こんとん》としたワラナシという町やオールドデリーで自由時間をとったりしています。

インド専門の旅行会社が企画、添乗してくれているのですが、その担当者が不思議がっています。一般のツアー参加者からはクレームが多いそうです。バスや列車の窓が汚れている、テーブルがほこりっぽい、教育がなってないなんて怒る人もいるといいます。でも介護職は違います。窓やテーブルの掃除を始めるんです。

みんな恐がって現地の人と話そうとしないそうですが、介護職はどんどん話しかけます。もちろん、ヒンドゥー語も英語も話せませんが、関西弁でも鹿児島弁でもどうにかなるんです。

なぜでしょう。私たち介護職は、ふだんから、違う世界の人と付き合うのに慣れているんです。そう、老人や認知症の人と毎日、つき合っているからです。

そのつき合い方も、一般社会が考えているような、認知症は異常な、あってはならない存在だと考えているのとは違います。それでは介護にはなりません。

よくわからない認知症という世界を、むしろ好奇心で面白がっているんです。肯定的に受け止めてるんですね。だから認知症の人も、「あ、自分はこのままでいいんだ」と安心できるんですね。

自分たちと違う世界を、「異常」としてではなくて、「異文化」としてとらえようとするんです。相手が「異常」なら、こちらは「正常」ですから、コミュニケーションは成立しません。抹殺するか、治療するかとなるだけです。

でも相手が「異文化」なら、相手から見れば自分のほうが「異文化」なんです。当たり前の見方や感じ方を疑ってみるという、自分を相対化することが、コミュニケーションの始まりです。

だから、インドツアーに参加した人は、「認知症介護がもっと楽しくなった」と言います。

現在の日本は、偏差値と年収で秩序化された生きにくい社会です。でも、介護は、海外体験と同じく、その秩序から解放されて、世界と人間の多様性を取り戻せる仕事だと思います。

私はそろそろ現役から退《ひ》く歳《とし》になりましたが、みなさんが、この介護という仕事を引き継いでくれることを願って、筆を置こうと思います。

**ちくまプリマー新書**

## ちくまプリマー新書

237 未来へつなぐ食のバトン
——映画『100年ごはん』が伝える農業のいま
大林千茱萸
将来的には子供たちの給食を有機野菜にと町ぐるみで取り組む臼杵市。その試みを描いた『100年ごはん』は人と人をつなぎ、「食」を考えるはじめの一歩を踏み出した。

246 弱虫でいいんだよ
辻信一
「弱い」よりも「強い」方がいいのだろうか？ 今の社会の価値基準が絶対ではないことを心に留めて、「弱さ」について考える。

247 笑う免疫学
——自分と他者を区別するふしぎなしくみ
藤田紘一郎
免疫とは異物を排除するためではなく、他の生物との共生のための手段ではないか？ その複雑さから諸刃の剣とも言われる免疫のしくみを、一から楽しく学ぼう！

249 生き物と向き合う仕事
田向健一
獣医学は元々、人類の健康と食を守るための学問だから、動物を救うことが真理ではない。臨床で出合った生き物たちを通じて考える命とは、病気とは、生きるとは？

266 みんなの道徳解体新書
パオロ・マッツァリーノ
道徳って何なのか、誰のために必要なのか、副読本を読んでみたら……。つっこみどころ満載の抱腹絶倒の話、意味不明な話、偏った話満載だった⁉

ちくまプリマー新書268

介護《かいご》のススメ！　希望《きぼう》と創造《そうぞう》の老人《ろうじん》ケア入門《にゅうもん》

二〇一六年一二月十日　初版第一刷発行

著者　三好春樹（みよし・はるき）

装幀　クラフト・エヴィング商會

発行者　山野浩一

発行所　株式会社筑摩書房
東京都台東区蔵前二-五-三　〒一一一-八七五五
振替〇〇一六〇-八-四一二三

印刷・製本　中央精版印刷株式会社

ISBN978-4-480-68974-0 C0236 Printed in Japan


乱丁・落丁本の場合は、左記宛にご送付ください。
送料小社負担でお取り替えいたします。
ご注文・お問い合わせも左記へお願いします。
〒三三一-八五〇七　さいたま市北区櫛引町二-六〇四
筑摩書房サービスセンター　電話〇四八-六五一-〇〇五三